中日历史问题译丛

《中日历史问题译丛》序言

2006 年 12 月，中日两国历史学者开始了由政府间达成共识的共同历史研究工作，其目的是为了突破由于历史问题给两国关系造成的障碍。

在中日两国关系的发展中，至今仍存在一些重要的障碍。历史问题，主要是历史认识问题，则是最敏感和关键的障碍之一。作为一衣带水的邻邦，中日两国间有着两千多年交往的历史，其中以友好往来为主流。虽然这种友好往来拉近了中日两国间的距离，但近代以来由于发生了日本侵华战争那样的不幸，两国间的距离又开始拉大。当然，战争已经是半个多世纪以前的历史，问题是在冷战开始后，日本极端民族主义思潮开始抬头，一些人同战前一样把战争定位在"自卫战争"及"亚洲民族解放战争"的性质上，用所谓的"大东亚战争肯定论"掀起了战后为侵略战争历史翻案的浪潮。而且随着时间的推移，这种历史翻案浪潮有愈演愈烈的趋势。这一历史翻案浪潮甚至得到一些日本政治家的支持与纵容，违背了中日两国的共同利益，伤害了战争受害国人民的感情。这是造成中日两国间历史问题迟迟不能解决，以至于影响两国关系健康发展的根本原因。

不过，战后 60 多年来，中日关系中还存在另一个侧面，那就是致力于和平与发展，消除战争带来的负面影响。特别是中日邦交正常化以来，为谋求两国关系的和平友好与发展，为建立和平与繁荣的东北亚，为解决历史问题，两国政府和人民已经做了大量的工作。《中日联合声明》、《中日和平友好条约》和《中日联合宣言》等政治文件，就是两国政治家付出艰辛努力的结果，也是对历史问题进行理智思考的结果。这一结果通过现在中日两国间战略互惠关系的深化得到了充分肯定，是两国关系长期健康稳定发展的基础。在这样的大背景下，对侵略战争的历史进行认真反省和谢罪的日本进步力量一直在努力。战后初期，以日本共产党为中心的左翼势力，主张从政治上彻底追究日本的战争指导者的责任并进行反省，并为此开展了十分活跃的左翼大众运动。自由主义知识分子，从民主主义的立场出发，对以军人为中心的国家及军队指导者进行了强烈批评，反省知识分子在战争中缺乏反对勇气迎合战争的态度，提出了"悔恨的共同体"概念。20 世纪 60 年代中期以来，反对美国对越南战争的社会思潮又促使日本年青一代思考日本对中国战争的侵略性与加害性。从 80 年代开始直到今天，针对日本社会始终存在的不承认侵略战争责任和否认侵略战争历史事实的言论与行动，具有正义感和历史反省精神的日本人更没有停止思考与斗争。无论从政治的立场，还是从宗教的立场、市民主义的立场及女权主义的立场，都存在对日本战争加害责任进行追究的思考与活动。这是促进中日历史认识问题解决的积极因素。

对前一种否认侵略战争责任的历史认识，我们要毫不妥协地表明不允许对侵略战争的历史进行翻案的立场，因为这是与战争历史相关联的斗争层面的问题。当然，我们强调牢记历史的目的绝不是在延续仇恨，而是要以史为鉴、面向未来，让中日两国人民在和平的环境中世世代代友好下去。而对日本社会思考与反省侵略战争历史的活动，则应当充分肯定其对日本社会政治、法律、伦理道德不同层面产生的影响，不过，由于不同的立场对战争责任的认识程度有所差别，表现形式千差万别，其内部有时还有十分激烈的争论，把握其整体情况并不容易。历史认识是一个复杂问题，即使在同一个国家内部，涉及地域、利益、感情等诸多因素，对某一历史问题的认识都可能存在差异；而在对战争被害与加害具有完全不同体验的两个国家的人民之间，历史认识的差异可能就更大。无论从政府间还是民众层面思考历史认识问题，都需要我们冷静看待不同国家历史发展过程中客观存在的差异性。对战后日本在历史认识问题上存在着多元化的状况，对不同的社会集团、不同的社会层面对历史问题认识上的差异，我们需要全面完整地了解，只有在充分了解的基础上，充分发挥积极因素的作用，才能推动共同历史研究的进展。

我们在中日共同进行历史研究过程中深切地感受到：近代中日两国各自都走过一段相当曲折的道路，深入了解对方对历史和现在的认识，依然是十分重要的任务。如果说直至近代初期，中日两国间还可以通过"笔谈""览其名胜，阅其形势，询其民物，溯其肇始，悉其沿革"，甚至一起吟诗作歌、相互唱和的话，那么，进入近代社会以来，中日之间仅用这样的交流方式则已经不可能了。特别是在思想认识方面，这种原始的交流很难实现深层的沟通。这是因为，近代的中日两国不仅在政治方面，而且在文化方面也走了不同的道路，语言文字都有"异化"的过程。面对这一现实，为了了解战后日本在历史认识方面的多元化状况，我们一定要潜下心来，深入研究对方。所以我们认为有必要在中日历史研究领域里，通过学术著作的翻译出版建立一个相互了解进而达到相互理解的平台。

第二次世界大战结束后，欧洲的民间与政府间在共同进行历史研究乃至共同编写历史教科书方面的积极努力，取得了许多令人鼓舞的成功经验。欧洲的经验证明：开展共同的历史研究与创造良好的国际政治关系是相辅相成的。当然，欧洲的实践已经进行了数十年，而东亚的实践现在刚刚开始，任务将非常艰巨。我们希望以中日共同进行历史研究为契机，通过历史学者的共同努力，特别是通过这一套丛书来逐步消除误解，深化相互理解，缩小历史认识上的差异，为发展两国关系创造有利的环境，将东亚的历史经验贡献于世界。让我们为实现这样的目标而努力。

中日共同历史研究中方委员会

2008 年 5 月

目录

前　言

　　我父亲虽然不是士官,却转战于马来亚、新加坡和中国等地,终战的第二年才得以复员。在整整六年的战争岁月中,同父异母的兄弟战死沙场,父亲也成了遗族家属。他很少谈及自己的从战经历,辞退了所有的公职守护着家业,却频繁地参加战友会和日本遗族会组织的各种集会,算得上是典型的旧式军人。

　　对父亲而言,那场战争既不是"太平洋战争",也不是"亚太战争",而是一场以大东亚为舞台、按照"圣意"转战各地的"大东亚战争"。不时来访的战友们相逢固然欢喜,然而话题一涉及早早死去的战友,相信每个人心底浮现出的不是"大东亚战争"为何会以失败告终这一疑问,而是对为何要远渡重洋转战于亚洲各国,为了这场战争不惜献出生命这一问题深刻的质疑。

　　战后的日本,是否对这一质疑做出了充分的应答呢?换言之,政府是如何总结这场战争,又对其功过做出了哪些说明呢?

　　进言之,政府是如何清算战争,又是如何应对战争留下的"负面遗产"的呢?所谓的"历史问题",政府是如何处理的呢?如果说政府在历史问题上玩弄手腕,那么其原因究竟在哪里?作为一个要最大限度保障不同历史观的国家,政府应该对历史认识"介入"到何种程度呢?

　　另外,为了形成国民一致的历史认识即公共记忆,又需要哪些东西呢？应该如何看待其他国家的历史呢？

日本战败的同时，也意味着"殖民地国家"的瓦解。因此，对"大东亚战争"的清算，同时也是对"日本帝国"的清算。那么这其中又存在哪些问题呢？

本书基于作者或多或少参与过的几项政府资助项目的经验，试着来思考这些问题。

注记原则上采用当时的职位，省略敬称。

序章　战争总结的挫折

一亿人的集体忏悔还是领导人的责任？

战败后大约一个月，也就是 1945 年 9 月 12 日，东久迩宫稔彦内阁决议后提出了审判日本人战争犯罪的"自主审判"这一构想。日本在接受波茨坦宣言前与美国的交涉中，自主审判也是其最为重视的接受条件之一。然而，联合国最终未能承认原本意义上的自主审判。

内阁会议提出的自主审判，并非由日本单方面指定战犯嫌疑人而加以诉讼，而是针对联合国列为对象的嫌疑人进行"公正的审判"。即使这场自主审判并不彻底，天皇却认为"以天皇名义不忍心处决"为天皇尽忠的负责人，要求重新考量，内务大臣木户幸一也担心引起"同族血肉相残"而表示反对（永井均《关于战争犯罪人的政府声明案》）。

在这种局势下，有一名首脑人物始终坚持日本在战败后应该立即自主肩负的政治课题即为战争责任和自主审判。此人就是外交大臣重光葵。

出身于皇族的东久迩宫首相在战败处理问题上，并没有轻视战争责任这一问题。他的基本观点是战争责任应由全体国民来共同承担。东久迩宫一方面派遣副首相级别的内阁成员近卫文麿作为"谢罪使节"前往中国,另一方面又起用基督教社会活动家贺川丰彦作为内阁参议,寄希望于基督教徒能够"重建道义"。这些举措都源自于他认为,战前、战争期间日军的非法野蛮行径都是由全体国民对敌国人民的"憎恶"和偏见引起的。战败后不久的 8 月 28 日,记者招待会上提出的"全体国民集体忏悔论"就产生于这种观点之上。

然而,外交大臣重光却对"集体忏悔论"提出了异议。他认为,虽然程度不尽相同,但是以前的政治、军事领导人都应该承担战争责任,皇室和国民应该受到拥护。由此,重光赞同由日本来进行自主审判的构想。紧接着,他便向东久迩宫提出宏大的改革方案,即重组内阁,任命未参与战争的局长级的"新进之士"来担任内阁成员(伊藤隆等编《续 重光葵手记》)。

东久迩宫下定决心要接受重光的提议,却遭到了内阁的激烈反对,最后内务大臣木户建议取消改革方案,9 月 17 日,重光独自退出内阁。究其原因,在于对待战争责任问题上的观点和处理方式的不同。重光心中对领导人战争责任严肃追究的态度,和东久迩宫等人的皇室、国民拥护论,与如何看待战败的意义这一问题是不可分割的。

重光的下台意味着政府在严肃追究领导人责任态度上的后退。继东久迩宫内阁之后,币原喜重郎于 1945 年 10 月重新组阁,11 月 5 日,内阁通过了《关于战争责任等事项》的决议。其内容为,天皇尽心于和平解决与美国的交涉问题,天皇的参与不过是遵照宪法运用上确立已久的惯例而已,无权否决大本营和政府的决定事项,再次确认了拥护天皇的观点,未能涉及战争领导人的责任。

另外,在币原内阁通过上述决议后,不久又召开了第 89 届帝国议会,战争责任问题成为焦点。

大东亚战争调查会的成立

9 月上旬召开的第 88 届帝国议会仅仅历时两天就宣布结束，实际上，11 月底召开的第 89 届帝国议会是战败后首次召开的帝国议会。

这次的帝国议会上，提出了关于战争责任的两份决议文案。一份是日本自由党提出的《关于议员战争责任的决议案》，另一份是日本进步党提出的《关于战争责任的决议案》。两者都瞄准了将要在新出台的选举法下实施的众议院选举，与其想要借机扩大政党的势力密切相关。

最后，在 12 月 1 日召开的众议院全体大会上，东条英机内阁时期所谓"官选议员"占了大半数的进步党以人数取胜，该党的方案获得了通过。进步党的方案将追究"战败原因"放在首位，仅仅要求追随了"军阀官僚专横"的议员们"自我反省"，在检讨议员战争责任问题上比自由党的方案更为倒退。对此，《读卖报知》（12 月 4 日）评论其为"无良心的决议案"。

而与此同时，日本试图成立由自身来总结战争的机构。币原在第 89 届帝国议会上发表演说，阐明大东亚战争失败的原因以及真相，宣布为了今后不再重蹈"重大的过失"，在内阁部门内成立"大东亚战争调查会"。

大东亚战争调查会在 10 月 30 日以《战败的原因及真相调查一事》为名通过了内阁的决议（功刀俊洋《大东亚战争调查会的战争责任观》）。正如其名，调查的目的在于"找出战败的原因以及真相，是为了将来不再重复这种重大过失"，文案中原有的"督促我国国民反省"的字句被内阁决议删除。这表明了政府内外追究领导人战争责任的呼声，不允许将战争责任转嫁到国民"全体忏悔论"这一模糊的概念上。然而，调查会成立的目的并非是要追究领导人的责任。

按照币原和次田大三郎内阁书记长官的意图，调查虽然溯及满洲事变①前后，却并非要将调查结果作为追究责任的根据。他们有意把调查结果的判断托付给"健全的舆论"，最终由被视作"责任人"的每个领导人来自主判断自己的处理方式。这种方式，要比有可能引发国内矛盾的"国内审判"更加有效。

11 月 22 日公布和实施的调查会官制中，首先引人瞩目的是其全面的行政职能。长官（敕任官）下设 24 名调查官（奏任官），31 名专职人员（判任官）以及 15 名以内由学者担任的参议（敕任官待遇），形成了最多可达 70 人的调查规模。调查官多为企划院和兴亚院等拥有国策立案经验的官僚（多数是所谓的"革新官僚"），以他们为中心，12 月开始实施机构整顿和事先调查。

12 月底，次田的友人、出身于财务省的青木得三被任命为事务局长官，接下来是总裁人选的问题。币原原本看好了"满洲事变"时协助压制军部的牧野伸显（当时任内务大臣）和若槻礼次郎（当时任首相），两人均严词拒绝。总裁的候补人选还有野村吉三郎和安部矶雄等人，1946 年后最终由币原本人兼任总裁。同时，大东亚战争调查会也于 1 月改名为战争调查会。

调查委员会的人选成为下一个难题。委员一共 25 名，任期 3 年，可见调查持续的时期很长。最终选定了 20 名委员，名单如表 1 所示。此外，各部委的副长官任临时委员，而且，以当时陆海军部的后继机构第一、第二复员部为中心，旧军人开始进行战争调查，由于调查的关系，原中将宫崎周一（终战时的参谋本部作战部长）等军人也加入成为临时委员。

1946 年 3 月下旬，战争调查会召开了第一次全体大会。币原在致辞中表示，"要使其成为后世能够让国民信服的强有力的机构"。在这次大会上，加入了左右调查会方针的新元素，即 3 月上旬宪法修改案公布并宣布"放弃战争"。

---

① 即九一八事变，本书以下凡涉及满洲问题，均采用当时用法，不另注。——译者注

表1　战争调查会构成人员（1946年3月27日第一次全体大会时）

总裁	币原喜重郎(首相)
委员	阿部真之助(前东京《日日新闻》主笔)、有泽广巳(东京大学经济学教授)、小汀利得(原中外商业新报社社长)、大内兵卫(东京大学经济学教授)、大河内辉耕(贵族院议员)、片山哲(日本社会党)、木村介次(藤仓电线研究部长)、斋藤隆夫(众议院议员)、柴田雄次(名古屋大学化学教授)、铃木文史朗(大阪《朝日新闻》董事)、高木八尺(东京大学美国政治史教授)、富冢清(东京大学电气工学教授)、中村孝也(东京大学日本近代史教授)、马场恒吾(读卖新闻社社长)、松村义一(贵族院议员)、八木秀次(大阪大学总长、前技术院总裁)、山室宗文(三菱信托会长)、渡边几治郎(历史学家)、渡边铦藏(原日本商工会议所专务理事、后任东宝社长)、和辻哲郎(东京大学哲学教授)

注：职务以第一次吉田茂内阁时为基准。大内兵卫当时未入内阁。

资料来源：《币原文库》收藏资料，《朝日年鉴》(1946)。

迷失方向的调查方针——为了什么？目标在哪？

战争调查会全体大会上还提出了一个议题，区别于币原和次田的考虑，人们关心的是为何要"找出战败的原因以及真相"，以及它的目标所在。倘若具体调查要由各个部门来实施的话，就必须达成统一理解和一致意见。

其中，渡边铦藏就主张，为防止真正的战争责任者（军部的中坚幕僚层）被豁免或是减刑，应该彻底调查开战原因并锁定真正的责任者。

然而，币原却在追究责任方面持消极态度，他只是反复强调，"过错是由自身认识到并加以反省的"（前引功刀论文）。

马场恒吾则认为，既然已经把放弃战争写入了宪法草案，那么与其对战败原因和战争责任等进行独自调查，还不如通过研究开战原因来追究战争本身的意义和放弃战争是否妥当更为有效。马场的意见是应将追究战争责任者一事托付给联合国，日本则转向调查研究如何实现"没有战争的世界"。

渡边铏藏和马场恒吾等人以日美开战原是能够避免的为前提，主张追究开战的原因。而历史学家渡边几治郎却认为，应该研究这场战争是无法避免的。

结果，经过两次全体大会的讨论后，在战争调查会的基本调查方针和目的仍然未能达成一致的情况下，各部门展开了活动。但是，事务局留下的证据表明，"太平洋战争的起因"被列入调查目的中，以此来统一各部门的调查方针。然而，币原鉴于战争调查会所处的国内外微妙的形势，直到最后，都回避把包括天皇责任在内的战争责任这个议题拿到战争调查会中去。

失去的第一次机会

战争调查会的活动将要正式启动时，却突然被叫停。1946年7月，GHQ的咨询机构对日理事会中的苏联提出了质疑。苏联代表杰列维扬科认为，追究战争原因和惩罚是国际军事法庭的任务，战争调查会的必要性值得怀疑，并指出它"可能会沦为将这场战争正当化的工具"。

对此，美国代表艾奇逊表示反对，声称国际军事法庭的任务不是探明战争的原因，而是要确定每个嫌疑人的战争责任。苏联代表却毫不让步，坚持认为"从各种见解来研究战争的有关经验，违反日本非武装化的目的"（《朝海浩一郎报告书》）。

中国代表表示支持美国的观点，英联邦代表却以"其目的不明了"为由，站在苏联的一边。对日理事会内部的对立最终僵持不下，艾奇逊无力压制苏联和英联邦的批评，只好于8月底劝告日本政府解散战争调查会。

在此期间召开的第90届帝国议会上，对于战争调查会方向的问题，吉田茂首相兼外务大臣回答道："调查会的目的被歪曲为简直就像日本要进行重新军备才进行战败原因的调查"，事态出现纠纷不得不重新考虑，至于是废除还是重新组建使其继续，正在从国家的整体大局角度考虑（1946 年 8 月 17 日众议院预算委员会）。

最后，吉田内阁听从劝告，决定废除战争调查会，吉田的答辩暗示着也有换装使其延续的可能性。次田说过，这一调查将涉及政治、经济乃至社会文化等广大范围，会是一项长期的工程。而实际上，事务局也为此做了五年期的规划，并预想在议和后将其成果公布于众。

然而说到底，认真总结战争的第一次机会就这样失去了。然而，其原因不能仅仅归结为日本被占领时的美苏对立。日本政府只是执着于追究"战败原因"，而不是去摸索如何致力于解明战争责任这一课题，并将其运用于"日本重建"的主干道上，以致缺乏明确的调查指针而导致了误解。对"战败原因"的固执，仅仅滋生出了"把战争责任转换为战败责任的嫌疑"。从这个意义上来说，战争调查会的废除是个内政问题。

50 年后的战争总结

战争调查会之所以在战败后不久就遭遇了挫折，其实也许有更深层次的原因。这是因为，倘若要调查开战责任的真相，即使是贯彻"无须负责"这一原则，也不得不讨论到昭和天皇的责任，还要面临与眼下逼近的联合国组织下的国际审判之间如何交涉的难题。虽然不久后正式宣布昭和天皇被免于追诉，然而这里可以看到，要想验证国家主导的战争是多么困难。

50 多年后的 1999 年，超党派议员立法通过了旨在验证战争的《恒久和平调查会设置法案》，并提交众议院。该法案虽以九一八事变之后的战争作为对象，其目的却不是要追究战争原因和责任，而是要"明确在我国参与下造成的惨祸的实际情况"。

作为具体的调查对象，法案中明确记载了强制劳动、慰安妇、化学武器、非人道行为、违反国际约束等，表示要通过对以上各项的验证，寄予亚洲地区各国国民的"信任培养"和"维持有名誉的地位"。

该法案稍经修改后曾经四次提交给众议院，却均未能通过审议。这件事说明了有两大不幸。

不幸之一，关于"过去的战争"，本应成为法案成立基础的多数国民所共有的"公共记忆"未能成立。

不幸之二，政府一直受到与亚洲各国之间所谓的"历史问题"的困扰而处于被动局面。法案调查对象的强制劳动等问题被称作"战后补偿问题"，主要在1990年代开始浮出水面而受到关注。

对于战争引起的被害，国家是否要进行赔偿或是补偿这一问题，以1951年签署的《旧金山和平条约》（议和条约）为基础，以及之后陆续与亚洲各国签署的和平条约、赔偿协定等，至1970年代已经得到了解决。其国际性框架，从日本政府来看，是"努力不给子孙添加负担"的成果。

本书的构成

本书把这种建立于法律框架之上的战后处理基础称作"旧金山议和体制"（以下称为议和体制）。这一议和体制，虽然包括议和条约以及与亚洲各国的一系列和平条约，却不是单纯的法律框架，而是与占领下的国内改革也密切相关的广义上的体制，这些构成了战后处理的基础。

接下来的第一部要分析的问题是，在严峻的冷战局势下形成的，历经日韩、日中之间的邦交正常化，后于1970年代逐渐稳定的议和体制，是如何应对起因于战争和殖民统治的赔偿和补偿以及战争责任这些问题的？它又搁置了哪些问题，与"战后赔偿问题"的爆发又存在什么样的关系等。

第二部谈的是1980年代的历史问题。1970年代成型的议和体制封存了国家间的历史问题。然而，到了1980年代，议和体制未能预先想到的历史教科书问题和首相参拜靖国神社等所谓"内部的历史问题"上升为"国际问题"，让政府深感头疼。

第三部描述了世纪转换时期，即 1990 年代到 21 世纪初的历史问题的展开。1990 年代各种"战后补偿问题"的涌现，并非都是新出现的问题。然而，支撑冷战和自民党统治这一议和体制的内外要因发生了巨大的变化，历史问题使得政府疲于应对。

对历史问题，或者说造成其基础的"过去的战争"的责任和原因，国家未能进行充分的总结，国民之间未能形成"公共记忆"的原因究竟在哪里呢？作为保障多样历史观共存的国家，政府应该如何"管理"历史问题呢？或者说应该如何进行"参与"呢？

另外，人们应该如何对待已经过去了 60 年之久的"过去的战争"？应该如何向后世传达呢？但愿本书能引发读者对这些问题的思考。

第一部
旧金山议和体制

1951 年 9 月 8 日签订的《旧金山和约》从法律上终止了战争，解决了战争引起的各种问题，实现了"官方和解"。日本和联合国 48 名成员国签署了和约，于第二年即 1952 年的 4 月 28 日开始生效。

但是，这份和约并未经过联合国所有成员国的签署和批准。与中国、苏联以及众多的亚洲国家的议和迟迟未有进展。由于冷战波及亚洲，日本被迫选择与当时的西方各国达成了所谓"多数议和"（单独议和）。

但是，多数议和这一选择，将与和约同时签署的《日美安全保障条约》也纳入了议和体制。不仅是日本的安全和回归国际社会的问题，这一体制还顾及了亚洲太平洋地区的国际秩序的稳定。

如果将此作为议和体制的首要特征，那么，正如接受《波茨坦公告》以后历时六年半的占领改革被称作"事实上的议和"，其与国内改革历程的关系密不可分是它的第二个特征。《波茨坦公告》规定了和约的基本原则作为投降条件，因此，只有诚实履行该公告指令的占领改革，才能和议和直接挂钩。外务省曾于 1946 年中预测说，"和约与其说是设定新的局势，不如说是从法律上确认了既成事实，并使其永久化的手段"（外交记录①《和平条约问题干事会第一次研究报告》，1946 年 5 月）。

本书所讲的议和体制的概念，虽然包括安保条约、和约以及与亚洲各国的一系列和平条约、赔偿协定，却不单纯是国家之间的法律框架，而是指以非军事化和民主化为两大基本目标的连同国内改革在内的广义上的体制，它构成了战后处理的基础。

不过，议和体制和国内改革的主轴"新宪法体制"在某种意义上相互矛盾。之所以这么说，是由于新宪法体制建立于放弃战争＝非武装这一国家理念上，它形成于冷战尚未波及的 1946 年，而以遏制武装为前提的议和体制，却产生于冷战的局势之下。吉田茂首相可以说是整合性地解决了两者的矛盾。吉田首相表示，非武装并不意味着"永世中立"，可以选择自由阵营成员之一的立场，也可以选择非武装的立场。他试图把新宪法体制和议和体制从相互补充的角度来对待。从这个意义上而言，可以说议和体制把新宪法体制下定义的战后国家，在冷战这一国际环境中重新进行了定义。

议和体制的第三个特征是，它还承担了清算"殖民帝国"这一任务。和约成立的"官方和解"，其签署方都限定于日本的交战国，它是对战后的处理，而不是对殖民统治的处理。发动战争和进行殖民统治，向来都是发生在不同层次的国家之间的行为。然而，1945 年的战败，不仅是对盟国的败北，也意味着放弃殖民地和占领地的"帝国的解体"。因此，在议和的过程中，双方的清算被委托于第三者，成为后来滋生出许多"历史问题"的源头。

第一部将成为战后处理基础的议和体制从上述包括占领改革和殖民帝国清算在内的广义概念上来理解，思考议和、独立后残留的众多"历史问题"的根源及其意义。例如，东京审判（远东国际军事审判）是占领改革（非军事化政策）的一部分，同时在和约的第 11 条中被定位于"接受"，它的意义究竟何在等。

第一章
东京审判与战犯释放

I 东京审判——渐渐远去的日中战争

"反和平罪"

东京审判于 1946 年 5 月开庭，1948 年 11 月闭庭，它是直接根据《波茨坦公告》第 10 项（对待一切战争犯罪人，应加以严厉处罚）实施的。日本政府设想的"一切战争犯罪人"，是指在战场上虐待俘虏等通常的违反国际法的犯罪行为。

然而，东京审判除了通常的战争犯罪之外，还加入了"反和平罪"和"反人道罪"的法律新概念。其框架来自麦克阿瑟在 1946 年 1 月公布的远东国际军事审判宪章。这份审判宪章是纽伦堡国际军事审判宪章的远东版本，德国首脑们已经受到了这些罪名的制裁。

审判宪章中对"反和平罪"的定义为，无论正式宣战与否，为策划、准备、实行或是达成"侵略战争"或是违反国际法规的战争行为而"参加共同策划或共同谋议"，从诉因的分类上属于"A 级"。"反人道罪"则属于"C 级"，主要是指"基于政治、人种理由上的迫害行为"。原本，"反人道罪"是为了审判纳粹对德国人民的组织性屠杀，在东京审判中也成为审理的对象，不过并无人适用于该罪名。另外，通常的战争法规的违反被视作"B级"。

也就是说，东京审判中审判的重点是"反和平罪"。事实上，28名被告全体都被追诉为"反和平罪"，除了审判期间两人死亡和因精神失常而被免于起诉的一人（大川周明）以外，25名被告均被判有罪。只有原陆军元帅松井石根作为南京大屠杀事件的负责人，虽然作为"B级"战犯被判死刑，"反和平罪"的罪名却未成立。

联合国的军事审判除了东京审判以外，在横滨和国外也付诸实施，却无人被判"反和平罪"。因此，东京审判之外的被告或受刑者也被称作B、C级战犯。

作为占领改革的东京审判

如果把东京审判看作占领政策的一部分，那么人们盼望着它能早点结束。因为按照联合国早期的占领目的，即使日本不再成为美国和世界的威胁，将其改造为与民主主义原则吻合的政府，仅仅处罚几名战争的责任人是远远不够的。

审判时间拖得太长，会使日本国民滋生出报复的情绪，甚至会影响到政治上的安定和与盟国之间的合作。事实上，麦克阿瑟的顾问、美国国务院派来的乔治·艾奇逊主张，应尽快解决战犯问题并开除其公职，以维持政治稳定，国务院中也有不少人主张"立即处刑"。

然而，堪称审判之父的陆军长官亨利·史汀生却坚持了保障法律、道义正当性的审判方式。这是与对昔日轴心国采取"报复"或者"立即处刑"截然相反的方式，体现了战后以美国为主导维持国际秩序的道义表率（日暮吉延《东京审判》）。

由此，审判的意义在于从法律上运用国际法来防止侵略战争，以"文明"之名来立证侵略战争的犯罪性，作为与之不可分割的政治目的，受到重视的是它提供的历史解释，即明确地将与盟国的这场战争定位为"日本的侵略和盟国的制裁"。

东京审判因其是一场带有政治意义的"胜者的审判"，之后受到了各种批评。艾奇逊的后任威廉·西伯德曾仔细目睹了审判，他在回忆录中写道："为了把军国主义的过去暴露在日本国民面前，利用法庭这一手段是否真的贤明呢？今后将会引起长期的讨论吧。同样的，关于审判本身是否合法，也将成为长期被议论的对象吧？"（西伯德《日本占领外交的回忆》）。就连 GHQ 内部，也存在这种疑惑。

作为开战原因的"侵略中国"

对审判本身表示质疑的声音此起彼伏，由 11 个国家组成的法官团也并不是毫无条件就接受了"反和平罪"。美、英、中、苏等主要国家都表示赞同，并且承担了判决书起草（多数意见）的重要工作，这一点仍然具有重大的意义。这份足足用了 8 天时间才在法庭上宣读完毕的判决书，究竟做出了什么样的历史解释，让我们再次回顾一下吧。

首先，判决书在总结性的部分，认定田中义一内阁存在为获得在亚太地区进行军事性、政治性和经济性的统治这一共同计划，并以此为目的实施了侵略战争这一"共同谋议"得以成立。

1927 年 4 月田中内阁成立，意味着主张从满洲开始以武力达到目的的"军人一派"共同谋议者与主张以和平手段来扩大势力的政治家（之后是官僚）之间的漫长斗争拉开了帷幕。前者在掌握政府机构和内阁、控制物力和人力资源、压制反对势力的同时，于 1931 年发动对中国的侵略战争，占领了满洲，并在 1937 年演变成大规模的全面侵华战争。

然而，这一强硬的共同谋议论并未在东京法庭的历史解释中如实地得到反映。1931 年的"柳条湖事件"后，日中纷争的性质成为人们最重视的问题。

判决书认定，从柳条湖事件后日中进入交战状态，战争基本一直持续到 1945 年 8 月日本投降为止。因此，1937 年 7 月的卢沟桥事变引起日中战争全面爆发，被视作柳条湖事件的延长，而不被当作新的战争。由此，日中战争的有关诉因被排除在审理对象之外。就连对卢沟桥事变，也未将事件爆发的责任归咎于日本方面，而是重视之后急速的日本国内动员和放弃局部解决方案的过程。

另外，在日美开战问题上，检方也判断日本故意拖延宣战时机，违背了1907年的《海牙公约》中有义务事前通告的规定，为确立日本对美战争的"侵略性"发挥了巨大的努力。然而，判决书却以"发出通告后到开始采取敌对行为之间，需要搁置多长时间并未明确规定"为由，拒绝将其作为审理对象。即日本政府是否故意违反海牙公约这一点很难判断，不承认偷袭珍珠港是证明日本对美战争侵略性的根据。

于是，55条诉因在审判过程中最终被减为11条，被定罪的25人中，除了松井石根和重光葵以外，23人的"共同谋议"（诉因1）罪成立。其中，22人被认定为"柳条湖事件后实施了对华战争"（诉因2）。作为"对美英荷法实施战争"（诉因29~32）的责任者有18人。总之，开战时的内阁成员东条英机和东乡茂德不仅被认定为对美英荷法战争的责任人，同时也被认定为柳条湖事件后对华战争的责任人。

辩护方则坚持"自卫战争"的论调，特别是在开头的陈述中，主张美、英、中、荷形成所谓的ABCD包围圈进行经济封锁，导致日本为了生存和自卫不得不开战。然而，东京法庭重视的是对中国军事侵略的深入正是与美、英、荷开战的原因这一因果关系。为了继续在大陆推动侵略战争，东条英机内阁才对欲上前阻止的盟国放弃了和平解决方式，用武力进行对抗。

当时，曾担任内务大臣的木户幸一写道，"有问题的是支那那边，支那事变方面的防御是最大的弱点"（《木户日记·东京审判期》），然而，特别是在将卢沟桥事变之后的侵占大陆和扩大占领地的统治正当化的问题上，"自卫战争论"终究是苍白无力的。

来自 GHQ 的《太平洋战争史》的意义

这一历史解释，已经蕴含在 GHQ 民间情报教育局提供的 1945 年 12 月 8 日连载于各大主要报纸的《太平洋战争史》中。第二年 4 月，《太平洋战争史》作为著作单独出版后，译者中屋健一在序言中写道："我这才知道，我们这场战争的责任乃至原因不仅仅归结于太平洋战争，而是可以远远追溯到柳条湖事件。"

书版的《太平洋战争史》在序言中称其目的是让日本国民理解"他们是如何败北的，又是为何由于帝国主义而迎来悲惨遭遇"的，可以看出它试图对日本国民进行某种历史教育。

翻翻书中的内容，确实正如中屋所说的那样，前半部分指出 1931～1941 年这 10 年的历史是"日德意三国强行推进世界霸权主义的政策"，远东地区的柳条湖事件则是日本军国主义企图称霸世界的一个起点。但是，《太平洋战争史》叙述的重点是开战后的太平洋战斗史，篇幅超过了整体的一半，并赞扬了麦克阿瑟的战争指挥能力。

有意思的是，本书引用美国驻日大使约瑟夫·格鲁的回忆录提到，旨在强调"和平与国际协调"的币原喜重郎、若槻礼次郎等"稳健派"和"自由主义思想团体"，在 1930 年代前半期丧失了与军部对抗的力量。听上去似乎像是盼望"稳健派"的复活。

另外，这部战争史强调了日军的屠杀行为。其中记载了发生在巴丹岛和科雷希多岛的对美国和菲律宾军队俘虏的"死亡行军"和马尼拉的屠杀暴行，以及作为"近代史上最大的屠杀事件"的南京大屠杀。而有关投放原子弹一事，则辩解道，"为了使战争早日结束，挽救数千人的性命"。

哲学家上山春平在 1960 年代曾提出，战后日本人全体接受的"太平洋战争史观"是与美国的国家利益相一致的战争观，提倡它的相对化并呼吁大家加以讨论，其背景就源自 GHQ 提供的《太平洋战争史》。他还说，"这部《太平洋战争史》的解释被逃脱了整肃命运的言论者作为武器，成为言论者的常识，直至今日"（《大东亚战争的意味》）。

从公共记忆的形成这一观点来看，确实不能忽略《太平洋战争史》的影响力，然而，这些只限于始于 1941 年的发生在太平洋上的对美战争。它远远不及东京法庭上提出的历史解释，即太平洋战争的责任和原因本质上在于侵略中国。事实上，上山的理论也漏失了日中战争。

渐渐远去的日中战争

日中战争隐藏在"太平洋战争"的影子下逐渐远离日本人的视线的原因，不仅是由于 GHQ 的言论诱导。首先，战败后有关中国的消息渠道极端地受到了限制。战后一段时期内的论坛上，也几乎无人涉及日中战争的话题（马场公彦《战后日本人的中国像》）。

而且，日本人所理解的战败，是在太平洋战场上对美军的惨败，而不是在中国战场上的失败。曾在中国战场指挥航空部队的远藤三郎（原少将）就写道，"我本人从军后直接参加的战斗中从未失败过，因此我无法从心里接受失败……战争之所以失利，是因为战争目的不纯以及物资的不足，中央对战争指挥的拙劣更是主要原因"（《日中十五年战争与我》）。

这种自我意识不到失败的情况，在政府也是一样。战败后，本应成为"胜利者"的中国国民政府要求日本的技术人员和专家留下来帮助复兴，日本政府虽对此积极响应，其理由却是，"抛开日支间的以往种种，极力支援并强化支那致力于将来帝国之飞跃与东亚之复兴"（《和平后的对支处理纲要》1945 年 8 月 18 日，《现代史资料 38》）。日中相互复兴的"日华亲善论"，在战败后的一段时期内成为日本政府的基本对华政策。

败给中国的意识如此淡薄，意味着日本对过去战争的反省和总结，只是一味地被局限在美国的战争观与正义论中。从这种意义上说，东京审判"在不歪曲战争责任的问题上反而造成了阻碍"（大沼保昭《从东京审判到战后责任的思想》）。

被封印的"战争犯罪"

然而，国际检察局在追究日本的战争犯罪问题上丝毫不肯放松。由于大量的官方记录丢失，各国的检察官分头奔赴各地，从有关人员手中收集大量的供述书和调查文件，有时也依赖同时进行的各地 BC 级审判收集的资料（户谷由麻《东京审判》）。

中国小组把精力放在南京大屠杀事件上，重视在南京沦陷之前自发组成"南京安全区国际委员会"并设立难民区来保护市民免受战争灾难的外国居民的证言以及相关资料。当时担任国际委员会委员长的德国人约翰·拉贝的证言就是其中之一。法庭出庭的证人包括国际委员会的委员在内共有十几人。据此，法庭判断，"日军在占领后的最初 6 个星期内，在南京及其周边杀害的普通人和俘虏共达 20 万人以上"。

英联邦小组收集了有关俘虏的代表性案例，如婆罗洲岛山打根收容所关押的俘虏们的"死亡行军"、直到现在也深受澳大利亚重视的事件等。不仅有盟国的士兵们，还包括为修建泰缅铁路而被强行务工的众多缅甸人遭受的非人道待遇。

菲律宾小组则重视"马尼拉屠杀事件"中在马尼拉市内以及周边地区的无差别杀人、强奸、拷打和放火等残暴事件，以及吕宋岛上俘虏们的"死亡行军"等。这些证据材料都在东京审判之前就被提交到马尼拉的美军法庭上，此时也派上了用场。

战争期间在婆罗洲岛和爪哇岛发生的"强制卖淫"事件，也被当作战争犯罪的罪行之一。然而，判决书认为事例的数量有限不足以立证，最终未能承认其与领导人责任相关的组织性。而且，法庭上几乎没有宣读有关的证书，从始至终都仅是宣读了事件的"概要"，因此，"强制卖淫"的具体事实未能被法庭以外的世间广为知晓（同上）。

未能用作立证的战争犯罪的事例，以及特意避开追诉的案例也不在少数。例如，美国小组虽然拿到了满洲 731 部队开发细菌武器和进行人体实验的证据，以及日军在中国使用毒气的证据资料，却未提交给法庭（粟屋宪太郎《通往东京审判之路》）。另外，在强行带走朝鲜和中国人从事劳动的问题上，虽然有相关的确切证言，却未对此进行追究。

虽然，这些事件中的多数都和不起诉天皇一样，出于政治上的考量，冷战过后，却在长久被封印后，以"战后赔偿问题"的形式再次受到外界的拷问。

战犯审判的效果

如果说东京审判是在美国主导下运作的，属于占领政策的一部分，那么，随着占领政策的转变，战犯政策也应该发生相应的变化。事实上，占领政策以 1948 年为转折点，从惩罚性的政策转变到帮助复兴和自立的方向。

这一政策转换虽然未对东京法庭的审理造成影响，然而关注点却从新的处罚转移到如何收场的问题上。1948 年 10 月，法庭决定尽快结束 A 级战犯的终审（终止对未定 A 级嫌疑人的继续审判）和 BC 级审判，战犯审判进入了尾声。这是冷战当时的国际环境、败者对审判长期化的反抗——心理上的恶劣影响以及预算问题等造成的结果。接着，远东委员会建议在 1949 年 3 月之前结束 A 级审判和 BC 级战犯的审判。不过，BC 级审判是属于各国主权的问题，接受建议在 1949 年 9 月底之前结束审判的只有英国和后面要提到的中国（国民政府）。最后结束的国家是反日情绪仍旧强烈的澳大利亚（日暮《东京审判》）。

在此期间，负责确立美国国务省对日政策的乔治·凯南于 1948 年 2 月前来日本，劝告早日终止战犯审判。他对审判批评道，追究战争中的个人责任缺乏根据，法学家们想要按照司法手续来追究战争原因和责任相当困难。更让凯南担忧的是，审判一旦有失"公正性"，就失去了教育意义，从而会刺激反美情绪（同上）。

东京法庭的判决并未出现凯南担心的后果，并没有刺激日本人的反美情绪。吉田茂首相在判决后即刻召开的国会上仅仅发表了简单见解，即虽然无从对审判进行批评，"国民将以严肃的心情来对待对战犯的断罪，也是为了提高日本在国际上的信誉"。这句话代表了众多日本国民的心境。

东京法庭把领导人的"个人责任"视作问题，却未追究"国家"的责任，使得日本政府和日本国民从某种意义上得以旁观。另外，也存在"虽然战争审判的目的不在于国家责任，而是追究个人责任，但是在其立证过程中，当然也能证明国家责任"（入江启四郎《日本议和条约的研究》）这一有力的解释，可见国民也并非都是旁观者。

例如，《朝日新闻》经常刊登类似的评论，如"强迫积极地或消极地支持或追随他们的所谓'国策'的广大国民加以反省"。然而，"广大国民"的反省并未广泛渗透。如果说美国政府的意图在于利用领导人的有罪让日本人对侵略战争感到自责的话，那么，东京审判结束得并不彻底。

这一点在缔结和约的时候清晰地得到体现。之所以这么说，是由于和约的第 11 条与"接受"东京审判有关，如何对其进行解释引起了纠纷。

天皇的免责与退位问题

东京法庭上回避的一个重要议题，便是天皇的战争责任问题。粟屋宪太郎等人的研究表明，远东委员会驳回了澳大利亚等国的天皇战犯论，最终决定将天皇排除在审判外，是在 1946 年的 4 月。虽然，GHQ 和麦克阿瑟的意向起了很大的作用，但是，天皇被免于战犯追诉，既不是由于盟国方面接受了立宪君主的"无答责论"，也不是单纯出自当时占领统治的需要。而是因为它承认，要维持战后亚洲太平洋的秩序，一个亲美并稳定的日本的存在必不可缺（粟屋宪太郎《东京审判论》）。换言之，这是为了维持稳定的议和体制不可缺少的决断。

倘若说，东京法庭对天皇的责任做出了些许的判断，那么也许就发展成为后面将提到的和约第 11 条（战犯条款）的内容和解释所引起的导致议和体制本身动摇的骚乱，当时可能也顾及了回避出现这些状况。

然而，与顾及议和体制的稳定无关，天皇可以选择自行决定退位，来体现道义上的责任。从这一观点出发，最早提出天皇退位论的是战争结束时的大东亚副长官田尻爱义。

田尻认为，天皇确实不需要承担法律责任，然而，"天皇从道义上即使是反对战争，最后也加以默认的话，无论其理由如何，都应负道义责任"。国民应该能够理解天皇自发退位的心情，如果被占领的状况成为退位的阻碍，那么公布此事会产生不亚于真正退位的"国民精神的效力"，国民应该会理解其中"承担责任"这一重大意义。

接着，田尻向东久迩宫稔彦首相进谏，劝说天皇宣告退位和皇室财产发放民间，并主张"天皇和国民的重新结合是日本重建的根本所在"。据说首相回答了一句"我也这么想"表示赞同。然而，东久迩宫却没表现出任何要天皇退位的迹象。田尻又瞄准时机找到外务大臣吉田再次提出了退位论，结果却换来又一次失望（《田尻爱义回想录》）。

田尻的退位论意在以战败为契机重建国民与天皇之间的纽带，动机与此相似、展开退位论的还有议员中曾根康弘（改进党）（1952 年 1 月 31 日众议院预算委员会）。

中曾根认为天皇虽然不负有战争的"形式责任"，却能体察到他"会对过去的战争感到人性的苦恼"，主张"如果天皇自主要求退位，那么最近的几次机会中，第一乃新宪法制定之时，第二乃批准和平条约之际，第三次也是最后之机会，和平条约生效之日再恰当不过了"。

中曾根还更正了政府的见解，主张退位"将给遗族及其他战争牺牲者们带来巨大的感激，确立天皇制的道德基础，能够让天皇制保鲜，同时还能维持其屹立不倒的地位"。对此，吉田首相回应道，"倘若陛下采取退位，有害于国家之稳定。如有人如此希望，我认为其并非国民一员"。

无论天皇本人是否有退位的意愿，吉田首相将要求退位者视作"非国民"的这种强烈的拒绝反应，体现了他对退位"有害于国家之稳定"的判断，这一信念超出了东京审判的结果。在吉田眼里，天皇继续在位，是广义上从内部维持议和体制稳定的重要条件。

然而，天皇继续在位，尤其是从国外看来，成为"看不出日本人对过去的军事侵略有负罪感的理由之一"，战争责任问题长期处于争议中，在究竟谁应该真正为战争负责这一问题上，保留天皇成为阻碍大家形成一致意见的主要原因（Saki Dockrill，"The Legacy of 'the Pacific War' Seen from Europe"）。

虽然政府一直回避深入战争责任这一问题，言论界对此却绝非无动于衷。不过，言论界的战争责任论与其说是对行为责任的推敲，不如说是倾向于集中质问未能阻止战争的日本国民的"主体责任"，直到 1960 年代后半期，都未涉及旧殖民地的人民以及亚洲的受害国家。

II　议和与战犯释放问题

占领——"事实上的议和"

18 世纪后近代国际社会上的议和，指的是官方接受有关战争解释的框架即国家之间的和解，并成为"赔偿"的前提。

事实上，结束了第一次世界大战的 1919 年的《凡尔赛和约》第 231 条明确记载，"德国及其同盟国的侵略战争造成的协约国及其国民的损失及受害，德国及其同盟国负有责任"，第 227 条还规定对德国皇帝威廉二世进行追诉。

1947 年 2 月的对意和约在序言中明确记载"战争责任",并提出了和约起草的基础,以及对"过去的举措"的惩罚性规定、怀疑其将来举措的监视规定和有关逮捕、引渡战犯的各项条款。

占领的前半期,日本外务省曾想象和约会有类似《凡尔赛和约》或对意和约的严惩性质,而且盟国会单方面强迫其签署条约。实际上,占领初期美国国务院考虑的议和方案中战犯问题占了很大比重,对战犯嫌疑人的范围及处罚方法也做了详细的规定。

然而,最终的和约案中却删除了战争责任的相关规定。其中一个理由,便是长期的占领推动了"事实上的议和"。作为以广泛"战争责任"为前提的措施,没收占领地和殖民地的日本人公私财产、要求赔偿、逮捕战犯以及开除公职等得到逐步落实,和约意味着在相当程度上承认了这些内容。另一个理由是,东京审判自不用说,大多数 BC 级审判也已经结束,判决都已经确定。

即便如此,为了让独立后的日本政府承认包括东京审判在内的国际审判的正当性,盟国方面提出何种和约方案成了问题。特别是英国的草案(1951 年 4 月)受到澳大利亚和新西兰的压力,草案的序言中效仿对意和约,插入了和德意一同承担"侵略战争"责任的段落,并加上了"'日本'负有接受联合国犯罪法庭所有判决的义务,并负有执行命令的义务"等战犯条款。接受东京审判自不用说,还要让日本政府从条约上承认战争责任。

外务省对此表示激烈反对,指出如果接受英国草案,会让"全体日本国民感到深深的失望",重蹈"《凡尔赛和约》的覆辙",从而打击日本回归国际社会的积极性。外务省还批评道,日本在占领管理下正在逐步确立非军事化和民主化的基础,"英国的草案将会妨碍以上现实情况的推进与完成"。"事实上的议和"已经有了相当进展(外交记录②《我方对英国和平条约案的意见》1951 年 4 月 20 日)。

在此同时,日本方面还要求把对待战犯采取"大赦"措施和受刑人员的行刑权委托给日方。1951 年 3 月的美国草案中删除了有关战争责任的条款，规定减刑、假释、赦免等权利由有关国家和日本政府（东京审判则由法庭代表政府的多数与日本政府）"共同决定"（外交记录③《和平条约草案》1951 年 3 月 27 日）。

对"承诺"解释的混乱

但是，1951 年 6 月，与英国交涉后的草案中加入了"日本承认国际法庭以及盟国法庭的判决"一文（外交记录⑤《和平条约的修改稿》1951 年 6 月 28 日）。这是按照英国的主张，作为删除战争责任条款的代替方法加入的。最终草案（第 11 条前段）中写道："日本国……接受（accepts the judgments）盟国战犯法庭的判决，并由上述法庭对日本国拘禁的日本国民量刑并行刑。"

最终草案条款中所说的"承诺判决"，以东京审判为例，应该是接受多数判决的评定与量刑，议和后也仍然发挥效力的意思。实际上，议和会议前一个月的 8 月，在外务省公布的《与日本国和平条约草案的解说》中，被翻译为"承诺判决"，并加上了说明，即确认了议和生效前的"判决在和平条约缔结后仍然有效，必须明确遵守执行法庭的量刑"。

然而，到了议和会议时，外务省把"承诺判决"的部分意译为"承诺审判"，引起了后来解释上的混乱。其后果是产生了两种批判，一个是针对承认整个审判，另一个则是弱化有罪的形象。

这个问题也经常在国会上被提出来。早在和约签署后即刻召开的众议院法务委员会上，就有人指出第 11 条的意思模棱两可，对此，国务大臣大桥武夫（当时任法务总裁）回答道："第 11 条的含义是，对于个体的审判，并不是说日本政府从自主的角度研究后承诺的意思，经过正当手续确定的审判，日本国承诺其为有效的审判。"（1951 年 11 月 13 日参议院法务委员会）

从上面的答辩中可以看出，虽然承诺审判本身是有效的，但是由于被审判的是个人而并非国家，政府无权表达异议，直到今天这一审判观依然根深蒂固。不过，如前所述，东京审判相比个人责任，更为追究的是国家责任，以此为前提来解释的话，也体现出了对承诺整个审判效力的理解。

例如，在1993年的国会上，外务省条约局局长丹波实做了如下答辩，即"法庭的设立及审理，以及对法、侵略、太平洋战争、起诉状的诉因等的认定、判定、宣布量刑等，这场审判包含了上述一切，并不像一部分人所说的仅仅是判刑。从这个意义上来说，作为结论，承诺审判这一表达方式，仍旧是正确的"（1993年11月9日参议院内阁委员会）。

丹波的解释表明，东京审判是根据"反和平罪"等概念对总括起来的诉因做出的判决，可以理解为从总体上接受了判决文。

总之，外务省在议和会议召开的前一个月里，为何没有正式使用"承诺审判"这一意译呢？日暮吉延在《东京审判的国际关系》中推测道，"承诺判决"等于要排除帕尔法官和罗林法官的反对意见（少数意见），条约局暂且向国内翻译成"承诺审判"，其中暗含了对审判的批评。政府（外务省）即使承认了国际军事审判的效力，却从未发表过接受整个审判正当性的见解，其中估计就包含这层意思。

国会上也有人提出追问，"承诺审判"是否意味着接受"南京屠杀20万人""从头到尾都是侵略战争"这一解释呢？对此，政府始终都坚持一个论调，就是"在国与国之间的关系上，对此审判不具备提出异议的立场"［2005年10月25日对野田佳彦议员（民主党）的答辩书］。提出异议，意味着自行打破议和条约的法律框架。

议和后的战犯释放问题

第11条的后半部分明确写道，日本政府如果采取有别于审判的措施，需要"劝说"有关国家，并取得许可。也就是说，议和后的行刑虽然委任给了日本政府，但是赦免或减刑之类的恩典，日本政府需要经过"劝说"来取得有关国家的同意才能实施。

该条款引起争议的是被释放的战犯受刑人员在国内的处置问题。虽然被战胜国指定为战犯，在"从国内来看却不存在犯罪的根据"（1955年6月3日众议院预算委员会）这一理由下，当然不能视作战犯或是罪犯，而是和死刑人员的遗族同样被视作"战争造成的牺牲者"。另外，还能作为未归还人员工资法的适用对象，享受到相当于国家补偿的待遇。

另一个问题是日本方面是否可以再审。东京审判的日方辩护人林逸郎在1951年12月的国会上指出，东京法庭和B、C级法庭存在大量的事实误认是由于战败造成的证据文件的丢失，多数证人都"编造了出卖他人和国家的话"，以及"当时日本这个国家对这场审判不能理解"，呼吁重新进行审判，挽救成为误判牺牲品的众多人员正是"国家的义务"。

对此，大桥法务总裁回应说再审绝无可能，仅限于作为减刑等行刑上的措施向有关国政府进行"劝说"。

最终的结果就是，对于意味着盟国审判正当性的第11条，日本无法拒绝，也无法自行再审，政府只好把精力放在"劝告"有关国家上，以实现战犯的早期释放和豁免。

第11条（战犯条款）原本是在盟国与日本政府缔结的议和条约中，结合国际审判的结果，用国际性文件来明确定位战争责任的问题。然而，和约中没有任何一处明确记载了战争责任和战争的性质问题。政府和国会对第11条中隐含的代替战争责任条款的这一功能未能深入理解，反而利用了其中的暧昧迈向了释放战犯的道路。

战犯释放论与战争责任

1952年6月，议员立法下的以战犯遗留家属为对象的救护法《未归还者工资法》被提交给国会。当时，提议人、议员大谷莹润（自由党）直率地表明了理由，即"战争责任由个人承担让人始料不及，因此国家向战犯发放俸禄，极其不合理"，议和后，国内将其定为"无罪"，应该依照未归还人员的工资法来支付。从这里可以看出个人作为战犯被外界制裁这一前所未有的事态让人感到困惑，并产生抵触情绪。

东京审判中对战争责任的追究，反映在对计划侵略战争、实施相关的"反和平罪"以及对与此相连的暴行的追究上。然而，日本人对战争的理解，即使有对"战败责任"的质问，却有别于盟国提示的基于侵略战争这一认识。他们将其理解为战争犯下的罪行，给国内外造成了巨大灾难的"责任"。战争审判的意义集中于反省过去战争的罪恶，使其成为将来维持和平的决心这一契机，"和平宪法"成为这一思想的根据（赤泽史朗《东京审判与战争责任》）。

另外，对政府而言，被质问到战争责任时，和平宪法是一条强大的"逃路"。1955 年 6 月，法务大臣花村四郎再次被问及战争责任时，回答道，"不久后历史学家将阐明"此问题，"与其苦苦追究战争责任究竟落在何人肩上，不如放弃战争，全体国民反省不再重蹈战争，更让人期待，更有必要"（1955 年 6 月 3 日众议院预算委员会）。这就是之后政府答辩的典型论调之一。

1952 年 4 月，随着和约生效，巢鸭监狱的管理移交日本，国会接到了无数有关释放战犯的请愿和陈情，国会为此也召开了四次会议。

释放战犯的根据之一是古典的"大赦论"。战争越是残酷，双方才更要通过和约来相互"永远地忘却"犯下的罪行，从而实现新的和平，大赦论的这种思想成为众多日方辩护人当时释放战犯的理论根据。

"大赦"的本意原是在承认战争责任的基础上，赦免其罪行并忘却。然而，国内却在责任依旧模棱两可的情况下，将战犯视作战争的"牺牲者"，死刑犯"为公而死"，还成为下一章要叙述的遗族援护法和恩给法的对象，甚至还打开了靖国神社合祀的大门。

另外，我们也要知道，其中也有像议员大野幸一那样，虽然从"人道主义"的角度赞同释放战犯的决议，然而如果要释放战犯，必须要就施加给亚洲人民的暴行表明"悔悟和改过"（1952年6月9日参议院总会）。

还有一个根深蒂固的见解就是，采用原子弹这种非人道战争手段的国家和制造其原因的国家的罪行，是不能通过"政治上的忘却"来相互抵消的。

例如，1955年上诉东京地方法院的原子弹审判基于投放原子弹是对非战斗员的战争犯罪这一认识，要求对发动战争的国家追究其"国家责任"，作为对受害者进行国家补偿，是质问国家战争责任、采取战后补偿审判形态的首例案件（前引赤泽论文）。修改原子弹二法的1994年，在被爆人员救护法的成立过程中，被爆者团体坚持主张将国家的战争责任明确记载于救护法当中。

战犯释放与各国的困惑

政府对相关各国政府的赦免（大赦）劝告，首先是从BC级战犯开始的。美国最早进行响应，然而它以维持本国"正义"的司法审查作为个人审查的原则，因此直到最后也没有承认大赦下的释放。

再看看有关国家，后面还将提到，"中华民国政府"在"日华和平条约"生效之日同时默认了大赦，菲律宾在1953年12月考虑到赔偿交涉问题，承认了恩赦。法国也从对日关系稳定化的观点，于1954年4月前释放了所有战犯。荷兰则以补偿荷兰人俘虏拘禁问题为前提，1956年预见到解决后开始予以释放，英国也从维持与有关国家的协调出发，从1957年元旦开始实施赦免（日暮《东京审判》）。

截至1957年1月，巢鸭的服刑人员共有107人，其中美国关押了84人，澳大利亚关押了23人。1957年7月，澳大利亚释放了所有人员后，只剩下坚持进行司法审查的美国了。

需要国际统一意见的A级战犯的假释则困难重重。斯大林死后，中苏之间的"和平攻势"使西方各国对日关系的比重加大，1955 年 9 月，相关的八国维持再审的形式，同意对服役 10 年的 A 级受刑人员进行假释，战犯先后获得释放。美国在司法手续的范围内向政治解决的意图转换，A 级战犯的释放一事得到了进展。

最后剩下的 18 名 BC 级战犯的减刑和假释以及 A 级战犯的减刑（刑满）是在 1958 年底（同上）。

东京法庭管辖之外的审判有中国共产党（中华人民共和国）主导下的"共和国审判"。其中有 1949 年 12 月的哈巴罗夫斯克审判，提出了 731 部队和细菌战的罪状，还有 1956 年夏天的沈阳特别军事法庭审判，对包括苏联移交的战犯在内的约 1000 名战犯进行了审判。后者按照有意修复对日关系的周恩来的意向，仅对少数代表战犯起诉以打倒"日本军国主义"，45 人获刑，其他均免于起诉，当日释放。

至于议和体制框架外的苏联领土内的战争审判情况，虽然仍旧笼罩在阴云下，但到了 1956 年 10 月《日苏共同宣言》签署时，决定释放"所有在苏联被判有罪的日本人"，同年 12 月底，1000 余人均返回日本。

中国战犯的去向

中国是盟国中最大的受害国，在战犯问题和赔偿问题上却未表现出强硬姿态，存在感淡薄。这是否是由于受到了战争刚刚结束后蒋介石发表的"以德报怨"演讲中的宽大政策的影响呢？最近的研究表明，"以德报怨"直接导致了放弃赔偿请求和释放战犯，后面（第三章）会提到，它衍生出很多种解释。然而，这是国民政府的重要指针。

战争刚刚结束后的国民政府对待战犯的问题，也贯彻了在"宽大政策"下扩大"通常的战争犯罪"的认定标准、设置新规定等独特的方针。

然而，随着与共产党内战的深化，中国的战犯处理结束，1949

年1月对冈村宁次大将（中国派遣军总司令）被宣判无罪后，中国法庭闭庭。数日后，251名日本战犯回到日本，移交到巢鸭后在国内服役，减刑、释放等管辖权实际上已经脱离了国民政府的掌握（和田英穗《国民政府对日战后处理方针的变迁》）。

1952年"日华和平条约"的交涉中，"国民政府"的方案中也加入了《旧金山和约》第11条的同样规定，日本却以战犯管辖权不在中国手中而未予应对。这一规定的排除在附属的议定书中得到确认。

就这样，中国法庭的服刑人员在"日华和平条约"生效的同时，早早就获得了释放。中国作为最大的受害国，因其国际地位的降低而同意排除第11条（战犯条款），虽说还未到丧失国际军事审判正当性的程度，却严重地降低了其在国际上的重要性。

本章讨论了日本历时最长、与最大的受害国中国之间的战争逐渐淡出日本人视线的背景以及主要原因。最重要的是，中国的国民党政府因其国际地位的下降而未能站在追究责任的前线，使得日本政府与国民错过了从正面接受来自国外的战争责任追究这一问题的机会。

中国把民众称作"老百姓"。对实际遭受到人力、物力损失的老百姓而言，无论是国民党政权还是共产党政权，都没有给他们向日本获取赔偿的机会。在他们看来，战争受害的赔偿不是金额的多少，而是通过赔偿这一行为让日本对每一位受害者承认其加害行为。政府之间的和解并不意味着"老百姓"之间的和解，这个问题困扰着日本政府和中国政府（上田信《中国人的历史意识》）。

第二章
谁是"战争牺牲者"?
——"国家补偿"与战争赔偿

I　援护立法与"国家补偿"

遗族援护法的制定、军人恩给的恢复

这里我们要稍微往回说一下。在占领时期的 1949 年 5 月，众议院通过了《有关遗族援护的决议》。决议中称，"大多数战死者并不是自己要奔赴战场"，"国家对这些遗族的处置与对其他战争牺牲者的援护相比极其冷淡。……战死者的多数都是因公而死"（5 月 14 日众议院总会）。

独立后的 1952 年 4 月底，《战伤病者战亡者遗族等援护法》（以下称遗族援护法）就是在这种呼声中出台的。遗族援护法是战后日本对待牺牲者实行补偿制度的第一步。

在制定遗族援护法之后，1953 年 8 月又修改了恩给法，恢复了对旧军人和军属的补贴。恩给制度原本适用于官职人员死亡或退休，自戊辰战争后军人便提前享受，真正开始法制化是在大正末期 1923 年制定的恩给法。虽然它的对象是军人和文官（公务员），军人的部分却占了很大比重，战败后的 1946 年 2 月，GHQ 将其作为"非军国主义化"政策的一部分废除。

恩给法保障了退役军人和军人遗族的丰厚待遇，GHQ 却废除

了限定于军务人员的特权性补偿制度，主张应该在普通的社会保障制度下加以救济（田中伸尚等《遗族与战后》）。

政府向国会提议废除军人恩给的部分，对此说明如下，"如今我国决定放弃战争，解除武装撤销军备，以战争存在为前提的规定以及有关军人、准军人的规定已无必要"（1946 年 9 月 3 日贵族院总会）。"以战争存在为前提的规定"虽然不仅仅是军人恩给，但是可以感觉出政府没有挑明废除它是来自 GHQ 的压力，而是把放弃战争作为理由。

对国家补偿的抵抗

实际上，遗族援护法被视作恩给法中的军人恢复恩给之前的暂定措施。1952 年度编制预算时考虑到外界因素，遗族援护法得以先行通过。在遗族援护法的审议当中出现了意见分歧，即是按照军人恩给那样根据级别来区分，还是废除级别从社会保障的角度来对待。最后，首次方案对待战伤病者或战亡者的遗族，从社会保障的观点来支付遗族退休金等（同上）。

直到议和生效前，国会收到了数不清的要求对战亡者遗族进行国家补偿的请愿书和陈情书。各党派也在国会上异口同声地要求国家补偿。其中，改进党主张，"无论战争的胜败，提供丰厚的待遇是国家应尽的义务"，同时又对文官的优待提出了批评，"战争时期，政府人员和官僚们与军阀一道，在煽动国民走向战争上起了巨大的作用。这些官僚们就连被取消开除的人都享受着恩给、补贴和残疾退休金等"。

如上所述，文官的恩给未受影响，与此相比，遗族援护法中的军人恩给部分（遗族退休金、残疾退休金等）的支付金额却被压得相当低。理由是，占领时期最后一次编制预算（1952 年度预算）时，财政问题的负责人约瑟夫·道奇对援护费的大幅度上升面露难色。

据说，道奇当时驳斥道，"如果这样做的话，赔偿交涉中菲律宾一定会发火。被日本杀害的菲律宾军队的遗族家属们的心情，难

此事的大平正芳委员在参议院中做了如下说明，即"战争从支那事变发展到大东亚战争，情况和以往的战争观念大有不同。战地、非战地的概念变得淡薄。内地和满洲、朝鲜、台湾、桦太全都处于战争状态"（1956年11月27日参议院内阁委员会）。

从大平的这一说明可以看出，"因公而死"的范围从战斗地区扩大到旧殖民地和占领地区，同时，国家的战争观念也转变为"全面总战争"。但是，能够获得救济的牺牲者仍旧停留在"公务牺牲者"的范围，没有扩大到普通市民，而且只限于"日本人"。关于这一点后面还要提到。

恩给法规定的支付额参照了公务员工资的修改，并考虑到平衡关系。因此，恩给法的修改方案每年都会上报国会，每次都要全体一致决议通过。虽然名义上是"具有国家补偿性质的退休金制度"，然而大家的潜意识中都认为它原本应该是作为明确的国家补偿而支付的丰厚金额。人们的观点是，"原先制定恩给制度时并没有预想到那场长期而残酷的战争。虽然尽量考虑战争因素，从制度上并不充分"（1988年3月22日众议院内阁委员会上总务厅长官高岛修的发言）。

即使如此，在形形色色的战后补偿立法中，恩给的支付额在国家预算中数额是最多的，占到战后补偿费总额的80%之多。其中军人的恩给占的比例最大。截至2010年，98%都是军人恩给。恩给的支付对象最高峰是1969年的283万人，从1953年到2010年的累积总额达52兆日元。下面要讲到的对亚洲各国的受害赔偿总额，包括准赔偿在内大约为一兆日元。虽然不能单纯进行比较，但是对日本军人、军属的优厚待遇却是显而易见的。

Ⅱ 对战争赔偿的意识——冷战下的东南亚赔偿

赔偿的走向——对无赔偿原则的反对

根据近代以来国际上的惯例，由国家之间发生战争而引起的损失和损害，战败国承担赔偿的义务，和平条约中需要明确记载责任所在、赔偿的范围及种类（金钱、劳役、生产物资的区别）。

然而，在对日和约中，并未明确规定赔偿的责任和义务。其中美国的非军事化政策起了缓和作用。1950年6月，朝鲜战争爆发后公布的《对日议和七原则》（1950年9月）中，宣布了所有当事国放弃战争行为引起的请求权原则，1951年1月，美国国务卿杜勒斯提出了"无赔偿原则"的和约草案。由此，荷兰、法国等主要盟国都转向放弃赔偿请求权。

那么，在支持无赔偿原则的国家增加的情况下，议和体制中的赔偿采取了什么样的"补偿"形式呢？具体可以分为三大块。

第一，没收日本人在海外持有的个人、企业、团体、法人以及政府的公私财产。和约第14条（a）已经追加认可了这一条，早在战争刚刚结束后就已经在各盟国的管辖区域实施，这是上面提到的议和之前的赔偿，是赔偿的第一步。它具有在不可能从日本取得赔偿时的事态下的担保性质。

第二，以波茨坦公告为依据。波茨坦公告规定个人可以维持为支付赔偿所需的产业，却不允许"为战争重新军备"的产业存在。根据第一次世界大战后对德国赔偿的教训，明确规定了并非金钱赔偿，而是"实物赔偿"。美国初期的赔偿构想就以此为指针，计划将日本的工厂设备拆除作为"中间赔偿"转移到亚洲各国，以实现日本和亚洲整体上的复兴。

"中间赔偿"的方针在1949年9月远东委员会美国代表麦克洛伊发表停止拆除设备措施的声明后，很快就被取消了。拆除设备的赔偿对受赔偿国而言，本就是远水解不了近渴，而且新宪法保障了日本将来的非军事化。但是，远东委员会的中国代表和菲律宾代表始终对新宪法半信半疑，他们认为麦克洛伊的声明伤害了亚洲各国的感情，亚洲各国无法同意，激烈批判此举"妨碍了远东正义与和平的维持"。

第三，根据和约第14条，由日本与其受害国各自进行赔偿交涉。虽然主要盟国都放弃了赔偿请求权，然而由于菲律宾和澳大利

亚等战争的直接受害国激烈反对，最终在和约第 14 条中规定，
"承认日本国对战争中产生的损害及苦痛，应向盟国赔偿"。

第 14 条规定根据日本的支付能力来确定赔偿额，赔偿的实行
不是按照受赔偿国单方面的要求，而是要与日本进行"协议"和
"意见一致"。第一次世界大战后的德国，由于未考虑到其支付能
力和经济情况，巨大的赔偿额导致了经济破产，成为纳粹上台的原
因之一，对日本的处置吸取了这些教训，不过这也是因为在美国主
导下才得以实现。

对东南亚四国的赔偿

菲律宾和越南根据和约第 14 条向日本提出赔偿要求。缅甸没
有参加议和会议，印度尼西亚虽然签署了和约却未予批准，两国都
分别与日本缔结了和平条约和赔偿协定。老挝和柬埔寨虽为和约的
当事国，却都放弃了请求权。

放弃了赔偿请求权的国家还未答应返还公私财产，印度却在日
印和平条约中放弃了赔偿请求权，同时答应恢复和返还印度国内的
日本人财产。1952 年 6 月该条约签订时，外务大臣冈崎胜男赞扬
了此项决定，批准国会上也是一片赞同之声（1952 年 6 月 14 日众
议院外务委员会）。

最后，日本在东南亚各国中进行赔偿交涉的四国，分别是菲律
宾、越南、缅甸和印度尼西亚。虽然赔偿交涉各有难度，但最终
1954 年与缅甸、1956 年与菲律宾、1958 年与印度尼西亚、1959 年
与越南签订了赔偿协定。最早签署协定的缅甸，出于与印度尼西亚
和菲律宾保持均衡的立场再度进行了交涉，于 1963 年签订了经济
技术合作协定。

然而，上面四国并未与日本处于交战状态。菲律宾、缅甸、越
南和印度尼西亚的旧宗主国分别是美、英、法、荷，后者在和约上
签字，并获得了赔偿请求权。可以说，菲律宾等国代替放弃了请求
权的旧宗主国实现了赔偿交涉。

然而，从赔偿前提为战争状态的存在这一观点来看，赔偿交涉的对方国的正当性和要求赔偿的金额等，都容易成为国内外反对势力的追究对象。菲律宾和缅甸境内确实发生过激烈的战斗，居民受到巨大的损失，然而，越南和印度尼西亚的情况却大不相同。

越南的复杂局势

其中要数越南最为复杂。法国的旧殖民地印度支那三国分别作为和约的签署国获得了请求权，与放弃了请求权的柬埔寨和老挝相比，越南以遭受了巨大损失为由要求赔偿。

日本与越南从 1953 年开始交涉。交涉对手却不是势力大增的北越政权（越南民主共和国），而是以保大为元首的南越政权（越南国），1955 年后由吴庭艳政权继承。

法属印度支那被称作法印，1940 年 9 月日军进驻此地。区别于缅甸和印度尼西亚，法印政府对日本采取配合态度，开战后日军也未实施军政。1944 年 8 月，戴高乐返回巴黎成立法国政府后，法印政府的反日倾向有所加强，1945 年 3 月，日军用武力解散了法印，成立了事实上的傀儡政权"安南帝国"，保大当上了元首。然而，日本战败后不久发生了"8 月革命"，胡志明领导的越南民主共和国于 1945 年 9 月在河内成立，保大政权被迫下台。

随后，越南民主共和国掀起了对法国的解放战争，保大在法国的支持下得以回归，当上了 1949 年成立的南越政府（越南国）的元首。于是，1950 年代初，越南出现了两个政府并存的局面，即中国、苏联承认的北越政府以及美国承认的南越政府。对日和约的签署者，自然成为保大政权。

1954 年的印度支那停战协定终结了越南与法国的战争，造成了南北分裂常态化的局面。保大政权的后继者吴庭艳在 1955 年实施了改革越南政治体制的国民投票，他也因此当上了越南共和国的总统。

南越政权的"正当性"

在越南赔偿协定的批准国会（1959 年秋）上，首先讨论的是保大政权的正当性问题。成立于第二次世界大战末期的保大政权（安南帝国），起因是日军的武力，与法军的武力冲突时期极短，损失也很轻微。后来的保大政权也是日本的傀儡政权，两者为合作关系，而并非敌对关系。

基于保大政权的这种性质，在野党主张，"保大应该为配合日本的战争政策而痛感其责任，不具备担当赔偿交涉的正当性"。反而是从战争末期到战后这段时期，一直坚持抗日、抗法战争，实现了独立解放的北越政权（越南民主共和国）才有资格担任赔偿交涉一事（1959 年 11 月 27 日众议院总会、同年 12 月 15 日参议院外务委员会）。

与此相关的问题还有，老挝和柬埔寨都放弃了赔偿请求权，为何仅对越南要做出高达 200 亿日元的巨额赔偿？南部损失轻微，北部损失巨大，为何仅对南部政权提供赔偿？等等。

对此，外务大臣藤山爱一郎回答，"占领以及军事行动都造成了损失和痛苦，必须要由衷地抱以赔偿的心情。战后殖民地在解放后获得独立，各个政权的领导人在战争当中，有的与日军合作，也有人不合作。不能因其与日军合作就区别看待"（同上，参议院外务委员会）。

也就是说，无论交涉对象的历史性质如何，看重的是日本的占领和军事行动造成的损失。

而北越政府却向众参两院的议长寄来了信函，指出日本和南越政府之间的赔偿协定违反了促进南北统一的 1945 年日内瓦条约的精神，阻碍了日越两国人民的友好关系，在野党也主张将交涉延期至南北统一之后。

从政府的立场而言，当时有 49 国承认保大政权，而承认北越的只有 12 国，只能从议和条约的签署方是保大政权这一事实中来寻求交涉对象的正当性。

政府在越南赔偿上的应对，欠缺了对北越政权这一印度支那独立解放运动主体的考虑，按照冷战的理论向支持反共主义的南越方面倾斜。而且即使按照在野党的意思可以选择北越政权，那么意味着对议和体制的挑战，而这几乎是不可能的。

印度支那半岛由于战后的政治动荡和持续了 30 年之久的抗法、抗美战争，遗留了大量未留下记录的"历史问题"。发生在日军进驻越南的 1944 年至 1945 年北部地区的大饥荒，就是其中一个代表性的例子。越南民主共和国的独立宣言中就明确记载，在法日两国的双重压迫下，人民极度贫困，造成了"2000 多万同胞饿死"，成为越南的"国民神话"之一。日军大量征收大米加剧了灾害和疾病，但这却由于几乎找不到官方记录和公共场合上的证词，而未能成为赔偿交涉的依据。到了 1990 年代，日越共同调查才得以正式实施（古田元夫《战争的记忆及历史研究——越南 1945 年饥荒调查》）。

何为印度尼西亚的"战争受害"？

印度尼西亚并不是对日和约的签署国。然而，由于美国主导的议和体制与印度尼西亚提倡的中立、非同盟路线互不相容，再加上日本未提示赔款总额，引起了印尼国内的反对未予批准。因此，重新以议和条约第 14 条为依据的赔偿和缔结和平条约问题浮出了水面。

1945 年印度尼西亚共和国成立，独立后的印度尼西亚取得了对旧宗主国荷兰的战争的胜利，1949 年从荷兰手中收回了主权。政权虽然尚不稳定，却不像越南南北分裂，因此也不存在政权正当与否的问题。

然而，在批准国会上，针对向印度尼西亚的赔偿，却出现了问题。那就是，"和平条约以战争状态存在为前提，与印度尼西亚之间却不存在战争状态"。政府答辩道，随着 1941 年 12 月的开战，荷兰宣战后进入战争状态，与此战争状态相关而产生的请求权由荷兰过继给了印度尼西亚（1958 年 4 月 1 日参议院外务委员会）。

另外一个争议是赔偿额的计算依据。日本政府试图以"军队进行战斗的场所，由此产生的损失"来限定赔偿的范围。与菲律宾的激烈交战不同，开战当初，日军进入印度尼西亚时几乎没遭到任何抵抗，终战时也没有发生实际的战争（1956 年 5 月 28 日众议院外务委员会）。

然而，印度尼西亚方面却以南方作战时成为兵站基地一事为由，提出物资和劳动力调配上受到损失、居民在精神上受害等多种原因，要求支付巨额赔偿。对此日本奋起进行交涉。不仅是印度尼西亚，"日本对各国造成的损害金额，几乎没有资料"（同上）。

类似这些例子，东南亚赔偿中的各个受赔偿国战争时期都处于日本的统治之下，国家之间并不存在战争状态，因此赔偿额的计算标准也受到各国国内情况和政权性质的很大影响，并不透明。当地局势的复杂也给外交交涉造成了影响。

经济援助能否"赎罪"？

北冈伸一认为赔偿问题不单纯是围绕赔偿金额多寡的两国之间的交涉问题，而是广泛涉及多国之间的问题。他认为，美国在议和后仍通过赔偿条款来保持对日本的控制，赔偿问题始终在美国的掌控之内。这一手段极其冷酷，带有深深的对世界政策和纳税者责任观点的烙印。

在美国的掌控之下，日本政府虽然常常遭到在野党对其谢罪缺乏诚意的批判，相对于道义上的观点，经济上的观点更为优先。作为外务省顾问负责初期赔偿交涉的津岛寿一认为，日本将要面对巨额赔偿，而支付能力有限，他主张"应该活用民间的经济能力，兼用经济援助和经济合作的方式，来达到其目的"，为此寻求财务大臣池田勇人和财界的合作并获得了赞同（津岛《心系马尼拉的人们》）。比起追求不确切的赔偿金额的依据，更优先于相互的经济利益。

对东南亚各国的赔偿问题，事实上在1950年代末得到了解决。随后，日本与柬埔寨、老挝签订了经济技术合作协定，后两国放弃了请求权。日本政府在1960年代根据这些相关的赔偿协定如实地进行了处理。长期参与赔偿交涉的宇山厚（外务省赔偿部长）在其亲自监修的《日本的赔偿》一书的序文中，强调赔偿有利于当地经济发展和生活水平的提高，"在抹去东南亚各国对我国的憎恶感情上，赔偿起了很大的作用"（赔偿问题研究会编《日本的赔偿》）。然而，赔偿是否真的像宇山所期望的那样，对抹去源于战争的亚洲各国的"憎恶感情""起了很大的作用"，却有待讨论。

例如，1953年初，赔偿交涉陷入僵局，驻雅加达总领事甲斐文比古为了打破僵局，在寄给外务大臣冈崎胜男的公信中指出，有必要表明"对战时日军及军人犯下的各种不明事件（特别是劳工的征用和慰安妇的征用），日本国民真正地承认其道德责任并有诚意地谢罪"（外交记录⑤《对印度尼西亚赔偿问题的印方态度之事》）。

对于甲斐在信中提到的劳工征用和慰安妇等军队"不明事件"的问题，政府却从未公开表示过"谢罪"的意思。其背景在于政府与民众都认为，日本对亚洲经济开发的积极合作能够为遭受战争惨祸的地区"赎罪"。

议和前后，报纸上有人建议，赔偿和经济开发、经济合作的一体化推进，"唯恐混乱和平条约中规定的赔偿原则，……应该考虑将赔偿与经济开发分开"。但是，随着经济增长，宣扬经济合作效果的声音占据了主流（天川晃《围绕赔偿问题的舆论动向》）。

虽然各个赔偿协定都符合双方的经济利益，赔偿和经济合作的一体化却丧失了质问"过去的战争"有何种责任、对谁、如何赔偿等赔偿原本含义的机会。

美国的战略变化

战争责任的问题从战争赔偿的主题中逐渐淡出的国际背景，与其说是对亚洲各受害国的顾虑，倒不如说是美国亚洲战略的变化，即优先考虑日本复兴和政治稳定。

占领初期，美国方面研究从正面追究战争责任的议和方案，并以日本的战争赔偿为媒介来实现议和，从而达到去殖民地化和正处在国家形成过程中的亚洲各地区和日本复兴的一体化。然而，不久后美国关心的只有日本的复兴和政治稳定，于是它单方面地减轻赔偿，在赔偿交涉上对亚洲各国的顾虑也相应减少。

与此形成对照的是，美国对西德则采取了促使其作为主权国家重新出发并改善与近邻各国关系的政策。西德也明确将自己定位在西欧这一政治、经济自成一体的国际社会中，开辟出一条国家重生之路。他们不拘泥于国家主义和国民的归属意识这一狭隘的定义，而是从作为西欧社会成员的德国国民这一意义上尝试着重新构筑民族认同。作为德国侵略战争牺牲品的波兰、荷兰和比利时等周边国家也起了推动作用（柴田政子《日本在亚洲的"历史问题"》）。

美国对日德两国的区别对待，造成了两国的差异，即德国在近邻各国的认识和理解中得到了总结过去战争的机会，日本却失之交臂。在日本形成对过去战争的解释和认识以及对与受害的近邻各国达成相同的解释和共识问题上，议和体制起到了严重的阻碍作用。

第三章
"殖民帝国"的清算
——请求权与放弃国籍

I 特殊的交易——在外私有财产与赔偿请求

韩国参加议和会议的问题

议和当中，韩国算得上是被委托对殖民帝国进行清算的典型。1948 年大韩民国成立，李承晚政权提出，1910 年至 1945 年朝鲜半岛是"暴力和贪欲的统治"下的受害者，开始详细调查人力和物力的损失，并要求"赔偿"和参加议和会议（太田修《日韩交涉——请求权问题的研究》）。

由于韩国和日本并未有过正式的交战，自然没有受邀参加议和会议。然而，作为总统特使负责议和交涉的杜勒斯，却有意让大韩民国参加议和会议，并征求了日本的意见。

日本政府认为，如果韩国成为签署国，那么超过 100 万的在日韩国人将作为盟国国民（战胜国国民），取得恢复财产和补偿等权利，造成日本无法承受的负担；而且以在日韩国人"大部分都是共产圈"为由，有意表示拒绝（外交记录⑥《韩国政府的和平条约署名问题上我方的见解》1951 年 4 月 23 日）。不过即便如此，日本政府的答复是，如果"在日朝鲜人不因为和平条约而取得日本国内盟国国民地位"的话，则对韩国政府的署名没有异议。可见，日本对在日韩国人获得与盟国国民同等地位一事极其警觉。

最后，英国主张韩国并非正规的交战国，使韩国遭到了拒绝。可以说，英、法等盟国在战后也仍然拥有众多殖民地，它们并没有取消殖民统治来要求日本清算的意思。承认韩国的署名，等于否定自己本身的殖民统治。与此相反，杜勒斯将朝鲜视作实质上的"盟国成员之一"，给予其与盟国同等的待遇，这一点后面也会提到。

朝鲜、台湾等根据和约从日本领土分离出去的旧殖民地称作"分离地域"，和约把分离地域的统治以及"请求权"问题，委托给日本和各个施政当局的"特别决定"（第四条）。

在外私有财产的去向

分离地域即旧殖民地，有巨额的日本人公私财产和众多的日本人居民。战败后，日本人只好返回国内，留下的财产则被盟国当局没收用作赔偿。1945 年 9 月公布的《美国初期的对日方针》中，也下令日本将"领域外的日本财产"交给盟军当局。不过，苏联把满洲的日本人资产作为"战利品"没收，主张不算入对日赔偿额中，与美国站在了对立面。

顺便提一下，苏联在 1950 年的《中苏友好同盟条约》中决定将这些资产无偿转让给中华人民共和国，然而包括大量的掠夺财产在内，至今去向不明。

在准备议和期间，日本政府强烈地反对在外财产的接收。虽然说是赔偿，但接收国际上承认的分离地域（旧殖民地）的私有财产是不正当的。其理由如下。

从盟国方面来看，海外日本人和日系企业的财产是"膨胀政策先行"积蓄的成果，当然可以视作"惩罚性质"的接收，然而桦太、北千岛、朝鲜、台湾是日本的殖民地，当地的日本人是和平的移民，财产也是合法获取，和其他占领地区同样被充作赔偿有失公平。

实际上，参照国际法上的惯例，允许割让地居民在一定的期限内选择留下或是回国，残留者持有财产权，回国者则享有财产的处分权及带走财产。日俄战争后割让桦太、甲午战争后割让台湾都采取了这种方式，对意和约中也承认，永久居住在割让地的意大利国民有权继承财产和权力（外交记录⑦《在外资产赔偿处理一事》1947 年 7 月 5 日，调查课）。

与政府的议和主张相呼应，归国者团体要求"正当补偿"海外私有财产的运动也从 1946 年底以归国者团体联合会为中心展开。这些运动的理论，也与如何评价日本人在海外殖民地所从事活动的历史性质有深切的关系（浅野丰美《帝国日本的殖民地法制》）。

例如，1946 年 5 月，朝鲜归国者同胞互助会的代表理事水田直昌在向政府提交的《陈情书》中写道，"凡是在朝鲜涉及公私事业者"，均被视作对帝国主义的"侵略榨取"做出贡献之人而受到诽谤中伤，实在遗憾，评价其对朝鲜的"向上发展"做出贡献这一正当性才是出发点。

政府的观点也受到这些民间运动的推动，重心逐渐偏向所谓的"殖民地近代化论"。外务省准备的"陈情"中，主张其在朝鲜和台湾实行的政策并非"榨取政治"，而是于这些处于低开发状态地区的"经济、社会以及文化进步与近代化"有所贡献，从殖民统治的成本来看，内地也向这些地方倾注了巨额的资本，"用一句话概括就是日本对这些地区是'输出'统治而已"（外交记录⑧《有关割让地的经济财政性事项处理问题的陈述》1949 年 12 月 3 日）。

后面还将提到，"殖民地近代化论"在和约签署后启动的日韩交涉中，也有所发展。

和约中的在外私有财产

在筹划议和期间冒出的问题之一，是由谁以及如何对私有财产的丧失进行补偿。战争是国家之间的行为，按照国际惯例，私有财产被抵作赔偿和补偿的来源时，当事国需要在和约中注明补偿的事项。事实上，《凡尔赛和约》中就规定了德国政府对被没收了私有财产的德国人负有补偿义务，对意和约中也明确写有，对用作赔偿的个人或法人的财产丧失，意大利政府需承担一定的补偿义务。

日本政府从这些先例中预料到，对那些私有财产被处理的人，日本政府将被规定负有补偿义务（外交记录⑨《对日和平条约预想大纲》1950 年 9 月）。然而，和约对在外私有财产却没有进行一般的规定。政府曾因财政负担能力以及"与其他战争受灾者的公平关系"的缘故非常重视，请求美国加以照顾，可能是奏了效，而被委托给个别交涉（前引《有关割让地的经济财政性事项处理问题的陈述》）。

于是，和约的第 4 条（a）规定，将朝鲜、台湾等旧殖民地的分离而产生的"请求权"问题的解决托付给予现地当局的"特别处理"。

和约第 4 条（b）规定，朝鲜已经被美国军政府处置的财产，日本予以"承认"。1948 年 9 月美韩协定中规定，北纬 38°线以南的所有日本资产都移交给韩国政府，日本方面对此"承认"。议和后的日韩交涉中关于私有财产的部分，日方则要求进行补偿。

而且，韩国虽然并非是和约签署国，却由于日本承认其独立、放弃朝鲜地区的领事权（第 2 条 a）、缔结渔业协定等而受益。第 25 条中规定，未在条约上签署或批准的国家，不享有任何权利和利益，韩国却根据《受益规定》（第 21 条）获得了与盟国同等的待遇。

"中国"也同样得以适用"受益规定"，日本放弃其"特殊权益"，并可处置在华日本资产等。然而，在议和当时，能够正式享受这些利益的"中国"的主体尚未确定。逃到台湾的"中华民国政府"（国民政府）和在大陆成立了新政权的中华人民共和国政府（北京政府）都未获邀参加议和会议。

日本在中国大陆的占领地，即"满洲国"和汪兆铭政权的统治地区也存在相当一部分的日本在外财产。和约（第 10 条）虽未涉及满洲地区，却规定日本放弃在华北、华中、华南的专管租界、共同租界和关东州租借权，以及治外法权和铁道利权等"特殊权益",第 21 条则给予中国与和约同等条件的处分权,即事实上的赔偿请求权。

而"中华民国政府"作为正式的对日交战国,在议和前就早早提出将中国的日本公私财产用作对中国的赔偿,大陆的中华人民共和国政府则获得了这一权益。

对韩国——日韩请求权协定

请求权问题中受到"特别处理"的在外财产问题之一,就有经过漫长交涉后才得以实现的 1965 年日韩请求权和经济合作协定。日本采取有偿或无偿的方式来实行五亿美元的经济合作。两国及两国国民之间的请求权问题也由此得到"完全和最终的解决"。

在此交涉中,韩国以上海的临时政府与日本交战为由,作为战胜国要求赔偿,同时宣布 1910 年签署的吞并韩国条约无效,并要求赔偿殖民统治的损失。日方却坚持不存在交战的事实,吞并条约仍然有效,双方陷入对立状态。1950 年代交涉的基调与日本人财产建立在对朝鲜人的榨取和压迫之上,还是在日本帝国法律制度下的正当经济活动的结果这一历史认识有密切的关系(浅野前引书)。

之后,韩国方面虽然撤销了作为"战胜国"的赔偿请求,却强烈要求对非法的殖民统治进行赔偿和补偿。日本方面虽然一直否认殖民统治的法律责任,却要求从美国军政厅没收的日本人财产中返还并补偿私有财产的部分。不过,到了 1950 年代后期,日本却撤回了这些要求,主张抵销彼此的请求权。

对日本政府而言,在朝鲜和中国的日本人财产被卷入了内战的混乱当中,因此要按照和约第 4 条所预想的那样,与施政当局一起合理地处理请求权问题并不现实,于是提出,"除规定相互放弃赔偿外,是否还有现实性的解决办法?"(外交记录⑩《我方关于和平条约第 4 条的意见》1951 年 7 月 24 日)。

朝鲜战争造成了南北分裂的体制,韩国方面也从对殖民统治损失性质的"赔偿"要求后退为"请求权"的要求。

进入 1960 年代后，池田政权转向要求韩国方面放弃请求权的经济合作方式。1962 年，外务大臣大平正芳和韩国中央情报部部长金钟泌举行了两次会谈，决定了 3 亿美元的无偿援助、2 亿美元的有偿政府贷款和 1 亿美元以上的民间商业贷款框架，请求权问题事实上迎来了定局。在此期间，美国从加强经济依存关系、促进两国经济发展的观点出发，支持用"经济合作"的方式来解决请求权问题。日韩请求权协定（1965 年 6 月）中规定请求权问题"视作完全而且最终得以解决"，是日本方面用"经济合作"代替个人补偿的意向的体现（太田修《日韩交涉》）。

另外，如果认为"日韩会谈中的请求权问题是补偿朝鲜在殖民地时代朝鲜人受害项目的问题，不是韩国政权一方就能解决的问题"（1965 年 11 月 9 日众议院总会上社会党议员楢崎弥之助的发言），那么"经济合作"方式的解决并不是最终办法，而且疏远了有关历史问题的解决。

对台湾——"日华和平条约"与"以德报怨"的结果

而另一个分离地域台湾的请求权处理却碰了壁。原因是统治它的主体不是在当地建立的政权，而是从大陆过来的"中华民国政府"。

即便如此，和约生效前的 1952 年 4 月，"日华和平条约"签署，同意就请求权问题进行磋商，外务省再三提醒开始交涉。然而，台湾方面一直认为时机未到而不予回应，结果，1972 年的日中邦交正常化使"日华和平条约"失去了存在的意义，请求权的处理也不再可能。

"中华民国政府"从战争期间就开始进行日本赔偿的调查和金额的计算，在"日华和平条约"的交涉中强烈要求根据和约获得赔偿。这里不禁让人想起蒋介石的"以德报怨"论。最近的研究出现了很多不同的解释，认为蒋介石是为了制造促使强大的日军迅速撤退的环境，提前防止能够预料到的赔偿及战犯审判无法如愿造成的中国国民的反感，认为它与战犯和赔偿问题上的"宽大政策"有直接的关系。

总之，台湾同意无赔偿原则（放弃请求权），告知美国如果其他各盟国同意放弃赔偿的话，它也同样服从。如上所述，由于最后和约的无赔偿方针发生了变化，于是台湾当局开始与日本交涉要求赔偿。

日本方面则主张日本的在华资产足以抵销赔偿，交涉陷入了僵局，最终台湾当局让步，在"日华和平条约"议定书中宣布自行放弃和约规定的赔偿。也就是说，并非是对日本统治台湾造成的损害赔偿，而是放弃了对日中战争的赔偿请求权。

中国作为最大的受害国，拥有要求相应赔偿的地位。然而不幸的是，台湾当局在国际上的地位显著降低，无奈只好向美国让步和妥协。

"日华和平条约"中对赔偿请求权的放弃，是否意味着国民放弃请求权这一点存在争议。然而，在此之后，日本政府一直采用了日中之间不存在赔偿问题这一立场。例如，1980年代担任条约局长的栗山尚一曾经断言，直到佐藤内阁前都从未具体讨论过赔偿问题，并提出了"日中间的赔偿问题，从中国来看当然有理由，但是日华和平条约已经处理了这一问题，也是外务省的既定方针"的证言（栗山尚一《外交证言录》）。

日中邦交正常化与赔偿问题

日本的这种单方面认识受到质疑，是在1972年9月与中华人民共和国之间的邦交正常化交涉中。中国政府已经明确表示放弃赔偿，周恩来也在9月26日就此阐明了中国方面的态度。

"要明确日华条约的问题。这是蒋介石的问题。因为蒋介石放弃赔偿了，中国就不用要求了，我听到外务省的这种想法吃了一惊。蒋介石逃到台湾后，而且是在桑港（旧金山）条约之后，放弃了日本赔偿。用别人的东西来给自己撑面子，那可不行。是大陆蒙受了战争的损失。……因为蒋介石放弃了就没问题了，这种想法我们是不能接受的。这是对我们的侮辱。"（霞山会编刊《日中关系基本资料集》）

虽然中国政府并没有撤回放弃赔偿这一方针，却要求把"侵略战争"的责任和反省作为放弃赔偿的前提条件，因此才对满口法律条框的外务省提出了激烈的抗议。换句话来说，历史认识问题与放弃赔偿是不可分割的整体。

由于自民党内的反对势力，首相田中角荣和外务大臣大平正芳苦于应对，在共同声明中毅然采用了"日方痛感过去日本国由于战争给中国人民造成重大损失的责任，并深切反省"这一表达方式。它源自大平的提议。

另外，在赔偿请求权问题上，中方"宣布放弃对日本国战争赔偿的请求"（共同声明第5项）。中方原先的草案提法是"赔偿请求权"，日方却认为"日华和平条约""当初就明确无效"而不予同意，最后双方同意删除"权"这个字（石井明等编《记录与考证　日中邦交正常化·日中和平友好条约缔结交涉》）。以上的交涉经过，使共同声明未能排除中国国民的请求权这一解释留有余地，成为1990年代中国人民开展要求赔偿战时被害运动的原因之一。

克服议和体制的危机

中国（中华人民共和国）从来就反对议和体制。因此，在战争引起的请求权这一问题上，与议和体制框架下的"日华和平条约"无关，它拥有行使赔偿请求权的地位。事实上，中国的复交三原则中，"日华和平条约"被视作非法，应该废弃，要求确认台湾是中国领土的一部分。然而，在议和体制的框架外行使请求权，将不利于对美关系，长期无法修复与日本的关系，进而意味着对苏战略将出现破绽。

而对日本来说，包括《日美安保条约》在内的议和体制是对华邦交正常化的条件，也是确认对美基本方针的工作之一（服部龙二《日中邦交正常化》）。

就这样，日中邦交正常化的交涉虽然面临难以跨越的鸿沟，但共同声明中将"请求权"写作"请求"而放弃赔偿，不宣布废弃"日华和平条约"（共同声明之后大平谈话中提到废弃"日华和平条约"），这些妥协总算使其在议和体制框架内得到处理。而指导这一高度政治妥协的，恰恰是日中双方领导人的政治领导才能。

日中正常化交涉开始的十多年前，经济企划厅长官高崎达之助说过，"如果'中国'要求赔偿，担心日本的国力将无法承受"（1956年5月28日众议院外务委员会），从形式上看，日本被中国领导人的"宽宏大量"所挽救。但是，中国人民正是由于侵略战争而遭受莫大伤害这一事实并未消失，而首相参拜靖国神社等于赞美这些责任者，是"肆意伤害受害国人民感情和尊严的错误行为"（2005年10月《中国外交部声明》）。

"请求权"的壁垒

那么，本章的主题，即对"殖民帝国"的清算，浮现出与历史相关的两大课题。

第一，正如在处理在外财产问题的过程中所见，虽说是用于赔偿的目的，然而，对于日本人的在外私有财产作为殖民地"正当"产业活动的果实而丧失，由谁以及如何来补偿、究竟要不要补偿，没有指出明确的解决方向。

第二，殖民统治的清算本身并未被提出，而是作为"请求权"问题被委托给个别的交涉。特别是日本政府，唯恐"请求权"问题被用于各处，始终将其解释为起因于战斗行为和战争状态的情况（外交记录⑪《我方关于赔偿请求权范围的期望》，1951年4月23日），执着于殖民地"与日本之间并未存在战争状态，因此不产生赔偿问题"这一原则。

换言之，议和体制并不是以清算"殖民帝国"为目的的战后处理框架，说到底不过是处理国家之间起因于战争的"请求权"问题的框架罢了。事实上，和约的两项条文（第 14 条、第 19 条）中规定，国家和国民都从原则上互相放弃起因于战争状态的"请求权"。特别是日本，第 19 条规定"所有的请求权"无一例外一律放弃，从官方立场堵死了在外私有财产等起因于殖民地和占领地区统治问题的解决之路。

II　不近人情的国籍放弃

殖民地居民的国籍问题

与在外财产问题并列，旧殖民地居民的"国籍"问题也是国会内外长期争议的一个话题。规定了归化条件等的《国籍法》（1899 年）主要着重于依据宪法从法律上将"国民"和"外国人"分离开来，作为整个日本帝国的法律秩序的基础，殖民地居民也被纳入其范围。

国籍问题的焦点之一是韩国、朝鲜人、台湾人等旧殖民地出身者，直到战败都被视作"日本臣民"，然而，随着和约生效，一纸通告（1952 年 4 月，法务府民事局长通告）就将他们单方面划入"外国人"，而使他们未能获得选择国籍的权利。

按照国际惯例，当某个地区被割让时，割让地的居民拥有选择权，可以选择取得领主国的新国籍，也可以选择旧领主国的国籍。选择旧领主国国籍的人需要在一定期限内撤离。例如，《日清议和条约》（1895 年）中承认割让台湾，台湾的居民如果想离开台湾居住，两年之内可以自由地卖掉房屋离开；经过两年还未离开者，则视作"日本臣民"。至于在此期限内的国籍，最后规定，此两年期间仍被视作旧领主国的清国国籍。

国籍问题的根源在于旧殖民地的居民拥有日本国籍，在法律上享有"日本臣民"的待遇这一事实。其根据是《国籍法》。不过，殖民时期的朝鲜并未实施《国籍法》，而是根据1910年的《日韩合并条约》。

战败后，日本政府对在日本的台湾人和朝鲜人采取了维持其日本国籍的立场，直到签署和约。即使在1945年秋天修改选举制度时，也考虑赋予他们和战前相同的参政权。但是，同年12月国会审议的修改案中，却加上了非户籍法适用者暂停参政权的附则（户籍条款）。其中的背景有，从法理上对赋予由于领土分离而脱离日本国籍者参政权的质疑，以及国会有人激烈反对，认为殖民地人议员人数的增加会引发天皇制和"民族分裂"的危机，再加上外务省认为，在日台湾人、朝鲜人的国籍问题在和约最终确定后置于"帝国臣民与外国人中间地位"较为现实。

1945年11月底召开的枢密院会议上，一松定吉委员从温情主义的立场催促政府对旧殖民地人取得日本国籍进行特别立法，却由于上述理由被抹消了（水野直树《在日朝鲜人、台湾人参政权"停止"条款的成立》）。

随后，1945年5月制定的《外国人登录令》（新宪法实施前最后一道敕令）规定，未登记的台湾人、朝鲜人"在相当一段时间内视作外国人"，他们成为拥有日本国籍的"外国人"。

例如，台湾在日本战败后被编入中华民国的一部分（一省），台湾居民也随着日本统治的结束（1945年10月）得以恢复中华民国的国籍。也就是说，台湾居民作为"战胜国"被赋予了盟国国民的地位。然而，日本虽然放弃了台湾，在和约前却未能确定它的归属，因此在日台湾人并未获得盟国国民的地位。

不过，中华民国政府作为"战胜国"，有权对在外台湾人行使一定的发言权。1946年6月，《在外台侨国籍处理办法》公布，规定在外台湾人进行华侨登录后，可以享受与盟国国民同等的审判权和粮食分配的特权。

从盟国承认旧殖民地人为"战胜国国民"的立场来看，这一举措理所应当。但是，GHQ却试图根据日本的法律来处理残留在日本的台湾人和朝鲜人。对 GHQ 的这种方针，国务省出于与"战胜国"国民政府的关系，对在日台湾人问题十分慎重。美国政府内部意见不一，在日台湾人的法律地位处于不稳定状态（《朝海浩一郎报告书》）。

在日台湾人法律地位的不稳定，造成了日本警察对其执法程度的问题，1946 年 7 月发生的日本警察与台湾露天商人之间的冲突事件就是象征之一（涩谷事件）。

事件发生后，日本政府也坚持应等到和约签署后决定国籍这一立场，却又出于维持治安的需要等对在日台湾人取得中国国籍持批判态度。1947 年 5 月的《外国人登录令》规定，登记的台湾人视作"中国人"（盟国国民），未登记的台湾人也"在相当一段时期内视作外国人"。在日台湾人离获得盟国国民的地位大大前进了一步。这也是 GHQ 尊重国民政府立场的结果。在日台湾人在法律上保留日本国籍，却被置于外国人管理之下。之后直到议和前，日本政府虽然没有正式承认台湾出身者为"中国人"，实际上却将其当作盟国国民同等对待。

在日朝鲜人的国籍

在日朝鲜人也按照《外国人登录令》被视作拥有日本国籍的"外国人"，"朝鲜的独立"使他们得以恢复朝鲜国籍。问题在于"朝鲜的独立"不仅是大韩民国，1948 年大韩民国成立的同时，北朝鲜也成立了人民共和国政府。

根据《外国人登录令》，在日朝鲜人的国籍用"朝鲜"来表示。南北政府各自成立后，在韩国政府和居留民团体的强烈要求下，1950 年后，出现了将"朝鲜"变更为"韩国"的情况。政府对此做了如下说明：

"日本政府主张一律使用朝鲜，然而韩国代表部成立后希望使用韩国，总司令部也有此说法，有意者则在国籍栏中登载为韩国。并不立刻意味着韩国或是朝鲜。"（1952 年 3 月 28 日众议院外务委

员会）

韩国政府从吞并条约以及以前的条约均失效这一立场向 GHQ 表明，在日韩国人不再是"日本国民"，而是在大韩民国成立后脱离日本国籍，恢复了韩国国籍。

总之，议和前后的日本政府始终坚持如下立场：在日朝鲜人的国籍"由独立的朝鲜来决定。日本承认大韩民国为朝鲜的独立政府而进行交涉，这一问题适用于大韩民国的国籍法。不愿意登录为韩国者仅登录为朝鲜人，也予以承认"（1952 年 4 月 24 参议院外务、法务委员会联合审查会）。只是，日本只有南部（韩国）的驻日代表部，要求变更国籍登录名称时，向朝鲜政府确认证明文件事实上并不可能，由此便造成了强制使用韩国国籍登记的印象。

和约（台湾为"日华和平条约"）的生效基本上决定了这些国籍问题的解决方式。后面还将提到，和约中虽然没有国籍规定，但是在议和生效同时公布的法务府民事局局长通告中规定，以户籍法为标准，内地无户籍者一律丧失日本国籍。日本的户籍制度将"内地户籍"区分开来，朝鲜户籍、台湾户籍等各个殖民地居民拥有的"外地户籍"，原则上是禁止转换的。这里就活用了这项制度。

于是，在日本的台湾人和朝鲜人都失去了日本国籍，台湾人成为中华民国国籍的持有者，朝鲜人的法律地位则被委托给日韩交涉规定的"特别处置"。

何为国籍的"恢复"？

日本政府在准备议和期间，对随着领土变更享有选择国籍的自由这一国际原则也不是毫无关心。特别是外务省曾经想在国籍规定中加入以下内容，即在朝鲜定居的"日本臣民"（朝鲜人）取得朝鲜国籍后便将失去日本国籍，但在议和后一定时期内可以选择日本国籍，定居于台湾的"日本臣民"（台湾人）取得中国国籍后失去日本国籍，也可在一定时期内享有选择日本国籍的权利。

另外，对留在日本的朝鲜人和台湾人，也承认他们可以分别取得中国国籍、朝鲜国籍的权利，还设想赋予他们选择日本国籍的自由。在日朝鲜人可以随着朝鲜恢复独立而恢复朝鲜国籍，在日台湾人也可以在决定归属台湾后享有同样的权利。

但是，和约对朝鲜、台湾、千岛列岛、南桦太等领土变更产生的国籍问题丝毫没有提及。其归属国均未被邀请参加议和会议是原因之一，不过日本的考虑意义更加重大。

外务省负责此问题的条约局长西村熊雄曾经说过如下一段话：

> 曾经的独立国朝鲜被吞并成为日本领土的一部分，如今和约使其恢复独立，通常情况下朝鲜人恢复独立后当然可以恢复之前持有的朝鲜国籍，因此第 2 条（a）中未包含国籍规定，为了在日本居住的朝鲜人，若希望成为日本人者，可否在和约中设置特别条件是个问题。研究结果表明，如今的国籍法有归化方式，可以通过归化方式满足在留朝鲜人的希望，于是没有要求设置特别关于选择国籍的条款。
>
> （1951 年 11 月 5 日参议院和平条约及
>
> 日美安保条约特别委员会）

西村在这里阐述了为何未在和约中要求加入国籍条款的两条理由。一是殖民地朝鲜恢复独立后，朝鲜居民恢复朝鲜国籍是国际惯例，没有设置国籍条款的必要；二是在日朝鲜人如想留下成为日本人，便可采用恢复日本国籍的措施即归化，就可以了。

也就是说，政府不是用国籍选择而是试图用"恢复"韩国籍来处理这个问题。其背景在于"并非国籍选择，而是站在回归韩国的观点上，推进和平条约等等"。和约签署后立即展开了日韩交涉，然而，"从法律上，除了和朝鲜的唯一政府交涉之外别无他法"。而且，联合国承认大韩民国政府是朝鲜政府这一点也很重要。事实上也以承认韩国为前提对待这一问题。

国籍选择论的归途

在特别国会审议和约时，外务省出身、通晓国际法的议员曾祢益（社会党）主张赋予国籍选择权。曾祢的意见是，日本国民事实上已经从朝鲜撤回，承认在日朝鲜人的国籍选择权，对其中选择日本国籍的人给予"日本国民"的同等待遇，其他人则按照合理的、人道主义的条件离开日本（1951 年 11 月 5 日参议院和平条约日美安保条约特别委员会）。

曾祢虽有不遗留"麻烦的少数派问题"的意图，不过还是参照了日清和约等采用的国际先例。

对此，吉田茂首相回答，以往将朝鲜人当作日本国民使其"日本化"的结果是，"有的朝鲜人长期定居于日本，有的变成日本人，也有的参加动乱等，赋予他们国籍，有好处也有坏处，也有像您提到的少数民族问题，出现与其他国家同样困难的例子也不少"（1951 年 10 月 29 日参议院和平条约、日美安保条约特别委员会）。

朝鲜半岛的政府一分为二，看不到"统一政府"的前途，又在朝鲜战争的激烈阶段，以选择国籍为前提的处理方式事实上是不可能的。当初日本政府曾考虑赋予国籍选择权，后来转变成"恢复"朝鲜国籍的方针，其背景就有朝鲜半岛的分裂和随之而来的朝鲜战争。

从"恢复"朝鲜国籍这一观点来看，一方面，正如外务省的意见，没有必要在和约中设置承认"朝鲜独立"的国籍条款。不过，另一方面，民事局局长通告中丧失日本国籍这一措施，是否有必要与和约"同时"生效这一点，有点儿让人怀疑。虽然，最高法院判定这一措施本身合法（1961 年 4 月 5 日最高法庭判决），但是，从当时朝鲜半岛的局势来看，可以说是极其政治性的措施。

就连最高法院都批准了这一处理方式，最有力的说法是其将丧失国籍根据的和约第 2 条（a）的含义理解为日本"侵略主义的清算"，在恢复侵略前状态这一模拟体制下试图"恢复原状"。1961年的最高法院判决也重复强调，通过和约，日本放弃了"应属于朝鲜的主权"，清算了与朝鲜的统治和从属关系，造成了恢复对等关系的印象（大沼保昭《在日韩国·朝鲜人的国籍与人权》）。

国籍的变更原本应该由当事国共同解决，判断是否"应属于朝鲜人"说到底是关系到朝鲜"民族自主权"的问题。另外，如果考虑到韩国和朝鲜已经通过国籍法等确定了本国国民的范围等情况，以在日朝鲜人的自主意愿为前提，而不是让韩国或朝鲜国籍的持有者丧失日本国籍，"恢复原状"，也许还可以采取基于"国籍选择"的措施（同上）。

然而，日本政府的措施却以国内法中的户籍为基准，与本人的意愿无关，一律取消国籍，希望取得日本国籍的人可以归化，在这种理论下，将他们编入了《入国管理法》等外国人法制的框架当中。

在日朝鲜人、在日台湾人自动丧失日本国籍，造成了广泛意义上的法律差异。"归化"被视作取代国籍选择的措施，然而归化处于法务大臣的裁量范围之内，正如有人讽刺其条件为"同化性质的归化行政"那样，很难说考虑到了申请者的情况。

之后，归化条件逐渐得到放宽，各种法律中的国籍条款陆续撤销，国籍产生的差别也得到很大改善。日本投降前就居住在日本的朝鲜人、台湾人及其后代可适用于"特别永驻制度"，并考虑分阶段性地给予参政权。

如上所述，与其说问题得到了"解决"，不如说更像是无止境地"消除"，然而"消除"并不意味着真正解决问题。如果以国家裁量下的选择为基础的"归化"目的在于"日本人化"，那么异类只能通过不断的同质化来解决问题，这种社会恐怕在其他问题上也会采取同样的解决方式（同上）。

总之，"在日"的问题，起因于过去的殖民统治和战争，不单纯是不平等的问题。有个事例发人深思。1993年8月，原为日本军人的在日韩国人，战败后被强制取消日本国籍，因无法领取遗族援护法规定的退休金而提起诉讼，一审、二审却都被驳回。

由于台湾、朝鲜出身的日本军人和军属在殖民地时期被视作"日本国民"而引起的问题，日本直到今天依然背负着。

对旧殖民地出身者的排除

美国、加拿大、法国、意大利、西德等欧美国家的战争牺牲者补偿制度，其共同特点是不分普通市民或是军人、军属，实行一律平等对待的"国民平等主义"。另一个共同特点是，不区分本国国民与外国人，对所有的战争牺牲者都提供平等的补偿和待遇，实行"内外人平等主义"（前引宍户论文）。

作为日本补偿立法核心的恩给法和遗族援护法都远远脱离了这两条国际准则。首先，从"国民平等主义"这一观点来看，恩给法规定的各种退休金的支付额，基本按照退休时的俸禄和在职时间来计算，军人则按照在职期间的等级来区分。它并非基于以本人支付金为原始资金的社会保险制度，而是起源于1923年制定的、立足于本人和国家之间的雇佣关系、由国库全额负担的"国家补偿性质"的退休金制度。

而且，这两部法律都以日本国籍持有者为条件，外地户籍适用对象的朝鲜、台湾等旧殖民地出身者则被排除在外。如果说其根据原本是公务员的提供公务，按理来说，领取人的国籍不应该成为障碍（田中伸尚等《遗族与战后》）。

同样提供军务而遭受损失，那么国籍造成领取权的不平等，其合理的理由何在？政府是如此解释的："以保有日本国籍作为领取恩给的条件，来自立足于公务员与国家之间特殊关系的公务员退休金制度这一我国的恩给制度的沿革乃至性格，它不仅合理，而且具有适用于所有人的客观性。"（1993年3月29日参议院内阁委员会）

也就是说，由于原封不动地沿袭了大正时代以来的恩给制度，因此它是"合理"的。与"内外人平等主义"这一国际准则相比，政府未能回答因何"合理"这一疑问。

议和体制的夹缝中——台湾出身的军人、军属

国籍条件这一"对内"的法律制度，给解决战后处理问题徒增了难度。

例如，台湾出身的军人、军属约有 20.7 万人（其中军属 12.7 万人），战争牺牲者共达 3 万人（军属 2.8 万人）。他们作为日军的士兵和军属参加了战斗，即使战死或者负伤，也被弃置不管，得不到任何补偿。这是因为战后他们失去了日本国籍，却与本人的意愿无关。

国会也经常就这个问题展开讨论，有时会出现请求补偿的诉讼案件。1982 年，东京地方法院首次做出判决，以"关于战争损失，在何种范围进行何种程度的补偿，委托于国家的立法政策"为由驳回。1985 年的东京高等法院也沿袭了这一观点，审判长认为，其与同样遭遇的日本人相比，处于极其不利的地位，指出"期待国政参与者尽快消除这种不利，为提高国际信誉而努力"。

受此影响，1987 年议员立法制定了关于支付吊唁金的法律，对战亡人员和战伤病者每人支付 200 万日元的特别吊唁金（最终有 29600 多名）。原告再次向最高法院提出上诉，司法审判的结果却是一样。

用支付吊唁金的方式"解决"对台湾出身的士兵的补偿问题，原本应由日、台依照"日华和平条约"来进行处理，然而，1972 年日中邦交正常化后，"日华条约"不复存在，要解决已经不再可能了。

残酷的法律——朝鲜出身的军人、军属

其次，朝鲜出身的军人、军属约有 24.2 万人（其中军属为 12.6 万人），战亡者共达 2.2 万人（军属为 1.6 万人），他们也同

样因为丧失了日本国籍，而被排除在遗族援护法等的适用范围之外。

1962年，日本政府发出通知，归化并取得日本国籍、适用于户籍法的人员可以成为遗族援护法的对象。遗族援护法的国籍条款仅适用于本人自愿情况下失去国籍的人，根据和约规定，丧失国籍的人并非出于本人意愿，因此不适用于遗族援护法中的国籍丧失的解释。

通知规定，在日韩请求权、经济合作协定生效当日（1965年12月）归化并取得日本国籍的话，可以追溯到和约当时领取恩给。然而，在协定生效日以后，韩国国籍的人即使归化日本也不能适用。这是因为该协定规定，请求权问题已经"完全并最终得到解决"。

2002年7月，原军人的在日韩国人认为因国籍原因无法领取恩给违反宪法而提起诉讼，最高法院判决为"国籍虽有恩给的区别，却不违反法律之下的平等"而将其驳回。原军人的在日韩国人在韩国也不属于补偿对象，在两国均无法提供补偿这一点上，审判认为"此问题要求复杂、高度的政治性考虑和判断，即使不采取任何措施，也不能断言其超出了国会裁量的范围"。

对于生存在法律夹缝中的在日韩国人原军人、军属来说，除非日本政府采取措施，否则他们离领取恩给或补偿救济的道路仍旧无比漫长。

除了针对原子弹受害者的立法，所有的援护立法中涉及国籍条件的，都原封不动地继承了仅以"日本臣民"为对象的战前恩给制度的框架。而这里，恰恰隐藏着以本国国民或外国人国籍为基准的国家观念。

这个问题上的不近人情，正如"曾经险些成为日本人，共同作战的悔恨"中所说（黑田胜弘《韩国人的历史观》），在那些殖民地时期作为日本人从军的韩国人、朝鲜人的内心深处，打上了最为深刻的烙印。

　　国民国家拥有对"国民"的定义权和管辖权。帝国日本对外将殖民地人视作相同国籍的"日本人",对内则采用户籍制度严格地区分为"内地人"与"外地人"。在总体战体制下,即便出于动员殖民地人的需要而不得不改善他们的待遇时,也不允许殖民地人与内地人相互转换户籍而导致"民族混淆"。国籍和户籍被当作统治异民族的便利技术(远藤正敬《近代日本殖民统治下的国籍与户籍》)。未能自行努力"脱离帝国化"的战后日本,无法解决这一框架中隐藏的课题。

第二部
1980年代——"公平"与"忍耐"

作为战后处理基础的议和体制大致于 1970 年代得以完成。通过以和约为开端的与东南亚各国缔结的和平条约以及赔偿协定，1965 年缔结的日韩基本条约、1972 年的日中共同声明以及随后于 1978 年签署的日中和平友好条约等，日本与亚洲近邻各国逐渐重新建立起正常关系。

从政府的角度看，以议和体制为基础的"政府间和解"的框架解决了战争和殖民统治、占领地统治而引起的问题，有利于亚太地区的国际秩序，对内则是"努力不给子孙添加负担"的成果。

对之前国内外提出的"历史问题"，政府处心积虑不让赔偿和责任等问题成为新的负担，其依据就是议和体制。

然而，随着与亚洲近邻各国的关系正常化进入新的阶段，意味着发生历史问题时会立即上升为国家之间的问题，受到国际瞩目的可能性加大。照理说议和体制也应该发挥效果，然而 1980 年代，特别是中曾根康弘内阁时期，曾被视作"内部历史问题"的教科书问题和靖国神社问题"国际化"，使国家的战争认识和战争责任问题再次受到质疑。

另外，1980 年代要求适用于遗族援护法等的日本人"战争牺牲者"不断增加，基于何种观点以及如何进行补偿，要求国家做出基本的判断。处理妥当与否，可能会动摇议和体制的稳定。于是出现了对待日本人牺牲者的"国民忍耐"和"公平"原则下的国家补偿方式。其构造也是为了压制国内爆发的战争责任论和补偿要求。

第四章
靖国神社问题的国际化
—— 中曾根正式参拜的挫折

合祀基准与"殉国"

自创设以来，靖国神社就不断以天皇之名将战争或事变的战亡者作为"祭神"共同祭祀（合祀）而得到扩充。战亡者之所以能成为"祭神"，是因为天皇作为现人神举行"祭祀"时，是按照神道的宗教仪式进行的。它的基调是将战亡者歌颂为"英灵"，并以此"显彰"作为后世人的模范。

明治政府在保障"信教自由"的帝国宪法下，承认佛教和基督教，同时却把神社神道以"国家祭祀"为由从宗教中分离出来，试图使神道变为事实上的国教。也就是说，靖国神社在法律上是以举行祭祀仪式为主的场所，却不同于宗教设施，国家神道也不是宗教。

但是，在战败后的 1945 年 12 月，占领日本的 GHQ 发出神道指令，将法律制度上区别于宗教的神社重新定位为国家指定的宗教和祭典，禁止国家对其援助和保护。也就是说，从政教分离和信教自由的观点出发，允许从国家分离出来的神社神道的存在，却废除了其作为国家神道的地位。这一思想在 1946 年 2 月的宗教法人令和新宪法第 20 条（政教分离的原则）中得以体现（赤泽史朗《靖国神社》等）。

于是，靖国神社面临两种选择，或者作为非宗教设施承接所有宗派的礼拜，或是作为宗教法人延续下去，最后，它选择了后者。

战败后的 1945 年 9 月，管辖靖国神社的陆军省修改了合祀基准，提议把普通战争受害者等也加入合祀者的范围。其理由是"举国家之全力，而且鉴于本土也卷入战场的本次战争的特性，因敌人战斗行为而死亡者不仅限于军人军属，一律认定其合祀的妥当性"（《新编靖国神社问题资料集》）。他们希望找到适合总体战的合祀方式。

但是，对陆军省提出的修改方案，靖国神社就不用说了，海军省等也对将普通战争受害者加入合祀范围表示不满，结果，合祀基准的修改未能实现。无论战争的真相如何，能够合祀在靖国神社的只能是"殉国"者。

然而，随着遗族援护法和恩给法适用对象范围的扩大，合祀范围也逐渐扩大。被判死刑的战犯也作为殉国者成为合祀的对象。即使不属于遗族援护法和恩给法援护或恩给的对象，一旦认定为因"国家公务"殉职便可成为合祀的对象（1956 年 5 月 23 日众议院海外同胞撤离、援护特别调查委员会）。但是，"公务殉职"的标准在战前战后基本都没有变化。与国家没有雇佣关系或特别关系的普通市民受害者，都被排除在范围之外。

如果修改合祀基准的话，不是根据战亡时的身份和对国家的贡献，而是仅按照牺牲的程度或许可以考虑补偿，可以说这关系到作为国家如何考虑战争的历史性质这一重大问题（赤泽《靖国神社》）。合祀基准的变更，很可能会演变成究竟将战争性质视作席卷国民的真正的"总体战"，还是 19 世纪国与国之间的战争的问题。

日本遗族会——要求"英灵显彰"

日本遗族会（最初为日本遗族厚生联盟，以下称为遗族会）与靖国神社建立了密切的关系。遗族的家人大部分都在日中战争、太平洋战争中战死，作为"英灵"被合祀在靖国神社。其牌位达到 246 万之多。战亡军人的遗族们组织起来，以团体的形式开展多种活动，在世界上也很罕见。在战亡者达 180 户 310 万人的情况下，遗族会在最繁盛的时期吸收了其中将近 60% 作为成员。

遗族会的运动目标首先是改善遗族的经济待遇。GHQ 下达停止军人恩给和遗族补助金的指令，顿时使旧军人和战亡军人遗族的生活陷入贫困。要想救济他们，就必须把战亡者定位为因"国家命令"而"公务"殉职者。政府和保守政党也对其表现友善，上面提到的 1950 年代的遗族援护法的制定和军人恩给的恢复都与此相关。

另一个运动目标是超越于将战亡者仅仅视作战争牺牲者的精神待遇上的改善。在这个方面，刚刚独立后的 1952 年 5 月，政府主办的首次国家仪式——全国战亡者追悼会召开，首相吉田茂正式明确了战亡者作为"和平基石"的地位。随后，最高法院长官田中耕太郎发表致辞，承认"我国由于过去的战争犯下了重大的失误"，但"对战争的批判与对战亡者的追悼和感谢完全是两回事"，歌颂为国捐躯的行为符合"人类普遍的道德原理"。田中长官的致辞意为应把对战亡者的哀悼和吊唁与对战争的评价分离开来，从中可以瞥见战后国家这一共通的态度。

1950 年代前半期，遗族会开展改善待遇活动的原动力来自为战争这一"公务"成为"最大牺牲者"的意识，并没有把战争评价和特定的战争观当作推动力。

然而，1950 年代后半期，遗族会运动目标的中心转向"英灵显彰"，情况就开始不一样了。"英灵显彰"是指国家对作为祭神被合祀在靖国神社的战亡者进行吊唁，被看作表彰殉国者的最高荣誉。换言之，遗族要求改善自身待遇和国家补偿的运动告一段落后，开始进一步推出依附于战亡者本身的"殉国精神"和"爱国心"的继承。这些运动必然要伴随对战争的正面评价问题，对此有几条推进因素。

其中一条就是历史学界和论坛逐渐形成的"侵略战争论"。1960 年代，关于第二次世界大战的争论激烈，即使在历史学界，随着大战研究的进展，如何评价整个战争也成为重要的焦点。但是，这些争论都未取得建设性的结果，造成了多数派的"侵略战争论"和少数派的"战争肯定论"（"解放战争论"与"自卫战争论"）的两极分化，进入1960年代后半期才平息下来。

在这种文化背景下，遗族会逐渐变成少数派的"战争肯定论"的强大支持者。例如，1968年9月发行的《日本遗族通信》（212号）报道，把"大东亚战争"称为"侵略战争"已经完全固定化了，但它"夺去了日本人的精神自信，不纠正这种歪曲的战争观，日本人无法获得真正的重生，也无法评价战亡者的意义"。战亡的意义，与战争评价不再互不相干。

围绕"靖国法案"的攻防

1963年10月的全国遗族大会把国家护持靖国神社这一遗族会的最终目标列为首要的诉求事项。签名运动发起后历时4年，实际提交国会是在1969年，直到1974年持续上交国会，然而遗族会的努力始终未获得回报。最后一次机会是在1974年5月，自民党单方面的采纳使其在众议院获得通过，到了参议院却以不成立告终。

运动的中心人物板垣正议员（自民党）指出，"靖国法案"碰壁的最主要原因并非由于在野党，而是在于政教分离这一"政府见解"（《正式参拜靖国神社之路》）。"政府见解"是指对靖国神社"宗教性"的一贯解释。例如，政府在对参议院议员稻叶诚一（社会党）提出的《有关靖国神社问题的提问大意书》的答辩书中写道："靖国神社的国家护持意味着国家参与靖国神社的运营，并从国费中支出，那么国家要履行这些行为，需要靖国神社取消其宗教性质。"

对"取消宗教性质"这一点，政府答辩中回避了具体说明，根据众议院法制局等的观点，这意味着不仅要废除念诵经文和传教活动，还要实现参拜形式的自由化，变更神职和鸟居的名称，也就是变更和废除所有举行祭祀典礼相关的要素。

这就意味着再也无法采用以神道的祭典来安抚英灵这一传统仪式。实际上，自民党的《靖国神社法案》以及在此之前讨论的《关于靖国和平堂的法律案大纲》（1956 年 3 月）也都一致主张把靖国神社从《宗教法人法》中分离出来，换做另外一种法人资格而置于国家的管理之下，但无法满足这些苛刻的条件。

脱离宗教法人的选择

如果说，战后的靖国神社按照神道指令被迫成为宗教法人的话，那么，在政教分离的原则下，它还有另外一个有利的选择。这就是，议和废除了神道指令的效力，在此前提下可以脱离《宗教法人法》。靖国神社希望获得国家保护，却为何没有选择这条道路呢？

对此疑问，遗族会在提交给所谓"靖国恳"（"关于阁僚参拜靖国神社问题恳谈会"）的意见书（1984）中回答，议和后"虽然也可以自行脱离宗教法人，却由于国家护持运动兴起，对其成果期待"，便保持了宗教法人的形式。如果按照字面意思来理解，也就是说包括祭祀英灵的"祭祀"仪式在内，维持现状并受到国家的保护是遗族会和靖国神社期待的最佳方式，他们将此方式的实现寄托在国家护持运动上。

遗族会发起要求国家护持的签名运动时，其计划书中明确写到"靖国神社不是推广某种教义的宗派，其祭祀的本质不在于宗教仪式，而是全体国民表达感谢的国民性活动"，并贯彻了这一理论。

虽说这一理论是要求国家保护的说辞，其中却能够看到遗族以及众多参拜者的"心情"。但是，只要靖国神社仍然是宗教法人，就不能仅凭"心情"打破宪法第 20 条中的政教分离原则。要在现行宪法下实现国家保护，只能是靖国神社主动取消"宗教性"，或脱离宗教法人。取消宗教性关系到祭祀仪式的本质，这一举措困难的话，最后就只能自行脱离宗教法人了。

靖国神社的这种构造直到今天，也基本没有变化。

通过国会的国家管理运动遭遇挫折后，遗族会和有关团体、自

民党的有志议员们便把目标集中转向促成阁僚和天皇对靖国神社的
"正式参拜"上。由此,活动的形态也不再是国会活动,而是迂回
为包括媒体在内的"国民运动"。

这些国民运动的中心是 1976 年结成的"回报英灵会"。"回报
英灵会"的主要目标虽然是实现正式参拜,却具有否定涉及政治、
教育和文化方面的"战后体制"这一国家主义意识形态运动的性
质,1979 年在地方议会上反复决议后通过了年号法。动员地方议
会这一战略,在后来阻止"不战决议"等运动当中也发挥了效用。

A 级战犯的合祀

如果将靖国神社问题作为政教分离的宪法问题、对战亡者的吊
唁和追悼问题来把握的话,这本身是国内问题。然而,在 1979 年
4 月,14 名 A 级战犯作为"昭和殉难者"被合祀这一事实得到公
开时,情况立即就发生了变化。

作为战犯获死刑的 B、C 级战犯,早在 1950 年代末就已经得
到合祀。受政府(厚生省)方面的提示,仅仅是按照"为国事倒
下之人"的标准进行"不起眼的合祀"。A 级战犯问题上,1969 年
初,靖国神社和厚生省之间达成"避免对外发表"的协议,完成
了合祀的准备。

之后,1978 年,靖国神社方面决定付诸实施。据说这是当年
就任宫司职务的松平永芳的判断。不同于前任的筑波藤麿,松平对
所谓的"东京审判史观"持否定态度,他认为即使是 A 级战犯,
获死刑的战犯和战亡者并没有区别(松平永芳《"靖国"奉职 14
年之悔恨》)。总而言之,合祀对象中包括了 A 级战犯,意味着之
前以"政教分离"为基调的靖国问题,又加上了对过去战争的评
价与战争责任这一主线。

曾在苏门答腊岛有被俘经历的议员村田秀三称,"所谓战争责
任的问题是盟国下的判断。……是盟国而不是我们。如果不整理这
个问题的话,东条等战犯合祀的问题,说是作为宗教法人的靖国神

社的活动，国民怎么可能理解呢？"从而暗示需要重新整理战争责任的问题。

但是，总务长官三原朝雄仅对此回答："我等国家国民均对战争深刻反省。其结果可以从新宪法的制定看出。"这便是战争责任问题已经根据新宪法得到清算的"政府见解"的典型例子（1979年5月24日参议院内阁委员会）。

另外，议员野田哲（社会党）也指出，天皇和总理大臣"前去参拜那些加害者们合祀在一起的神社并表示敬意，这仍旧反映出对第二次世界大战中的行为的容许，给他们颁发了免罪符"，并反问道："陛下是在知晓 A 级战犯合祀一事的情况下派遣敕使的吗？"（1975年5月22日参议院内阁委员会）

昭和天皇虽然不去神社正式参拜，却在每年的春秋定期大典都派出敕使代为参拜。政府委员对此解释为出于"想到为战争牺牲的人民心中悲痛"这一"自然的心情"而代为参拜（同上）。不过，2006年公布的富田朝彦（原宫内厅长官）的笔记表明，昭和天皇对 A 级战犯的合祀表示不快，从1979年开始主动停止参拜（富田手记研究委员会检验报告）。

现任首相正式参拜靖国神社，最早是1975年8月3日三木武夫首相的"私人"参拜。其次是福田赳夫首相记名为"内阁总理大臣"的参拜，被视为"私人行为"。这些例子挑起了阁僚参拜"正式"或是"私人"这一无止境争议的开端。

A 级战犯的合祀被明确公开后，最早的阁僚参拜是1980年8月铃木首相带领18名阁僚的"私人"参拜。之后，铃木首相又连续两次在8月15日参拜，《人民日报》每次都刊登评论提醒对"正式"参拜引起注意。

中曾根首相的正式参拜

日本政府一直回避对阁僚参拜做出宪法判断，但是到了1980年11月，以"无法否认其有违宪嫌疑"为由，达成了避免参拜的一致意见。

但是，在铃木之后，1982 年就任首相的中曾根康弘于 1984 年在官房长官藤波孝生的管辖之下设立了"关于阁僚参拜靖国神社问题恳谈会"（"靖国恳"），重新开始讨论阁僚正式参拜是否符合宪法的问题。

1985 年 8 月初，"靖国恳"的报告书中暧昧地承认在"不抵触政教分离原则的某种方针下可实现正式参拜"，由此，同年 8 月 15 日，中曾根首相得以正式参拜。

参拜方式是内阁总理大臣在记名后，进入用公费购买的鲜花装饰的大殿中，不按照神道仪式的"二礼二拍手一礼"，而是用"一礼"来完成参拜。官房长官发表讲话，政府采用这种方式，"在社会通常概念上，不属于宪法禁止的宗教活动"。顺便提一下，根据政府的说明，此次花费的 3 万日元来自对靖国神社的国费支出，是第一次，也是最后一次。

然而，在野党认为中曾根首相的参拜改变了以往的观点而进行追究。内阁法制局认为，以往之所以"无法断定参拜是否违宪"，是由于不明确关于正式参拜的"社会一般概念"，"靖国恳"的观点明确了这一点。以往的见解建立在神道方式的正式参拜基础之上，而这次的参拜方式不带有宗教色彩，并不与宪法抵触。

来自中国的批评——"责任二分论"的原则

就在中曾根首相正式参拜的前一天，也就是 1985 年 8 月 14 日，中国政府指出，阁僚的正式参拜"将会伤害遭受日本军国主义巨大损失的中日两国人民在内的亚洲各国人民的感情"，要求日本政府自重。

曾任驻中国大使的中江要介回忆道："谁也没想到正式参拜会成为日中之间的大问题。我自己也是压根儿没想到。"中江对靖国问题的认识，是首相参拜是否违反宪法这一纯粹的"国内问题"。中江一边猜测可能是与中国相通的反中曾根势力对现政权的颠覆战略，一边对中国外交部的抗议反驳道："我不懂中国为什么要反对。悼念为国家失去生命的亡灵，在哪个国家都是理所应当。"（《亚洲外交　动与静》）

8 月下旬的《人民日报》将批评的对象对准了 A 级战犯，指出："希望日本政府尊重历史，绝不能允许混淆战争的性质和责任"，对正式参拜进行了抨击。同时也强调，"中国政府一贯坚持把日本少数军国主义分子和广大日本人民区分开来的方针，并和广大日本人民一道为了战争悲剧不再重演……而坚持不懈地努力"。

这里表达的就是所谓"责任两分论"，即日本人民也是战争的牺牲者。早在日中邦交正常化时，中国在放弃赔偿请求时就曾用它来说服中国国民，如今也统一用在了参拜靖国神社的问题上。

9 月 18 日在北京大学召开的"九一八事变纪念集会"发展为多达 5000 人的学生示威游行，并波及各地的主要大学。中国政府在控制和平息这些抗议行为的同时，仍然提出"责任两分论"，对正式参拜靖国提出了强烈抗议。

中曾根首相采纳了外务省要求避免正式参拜的意见，压下了自民党内部"遗族会团体"（"回报英灵议员协议会"等三家靖国相关协议会）正式参拜的请求，并取消了原定于靖国神社秋季定期大典首相和阁僚的正式参拜活动。在此期间，1985 年 10 月召开的"日中友好 21 世纪委员会"第 20 届会议席间，胡耀邦提出《关于中日友好发展的四项意见》，据说为打破僵局提供了重要的线索。其核心在于"不应容忍极少数人推进军国主义的复活活动"，同时也指出，重要的是为了加深两国的交流，不应让"历史上的对抗影响今日的合作"。也就是说，如果能够严正处理靖国问题，那么保持友好关系的意愿则不会变化。

针对这"四项意见"，日本政府于 11 月 5 日召开内阁会议，通过了有关参议院代表针对靖国问题的政府答辩文件。其大意是：（1）正式参拜并未制度化；（2）正式参拜是出自追悼战亡者和维护世界和平决心的新目的，而不带有要将过去行为正当化的意图。

文件的制定想必也经过了两国之间正式或非正式的意见调整。《人民日报》（11 月 17 日）对其内容做了详细报道，意味着中国政府不再将事态扩大化的姿态。

后藤田谈话——对亚洲各国的顾虑

1986 年 7 月，众参两院在同一天进行选举，自民党以赢得众议院超过 300 个议席而大获全胜。过后不久，再次出现了参拜靖国神社的问题。

为自民党获胜立了功的遗族会，强烈要求继续正式参拜。中曾根听从外务省的忠告避开了正式参拜，却另外摸索其他的参拜途径。然而，恰逢此时又出现了第二次教科书问题，中国方面的强硬态度在原则上没有变化，外务省要求官房长官后藤田正晴和首相"不应再扩大事态，导致日中之间出现问题"。然而，后藤田表示，党内的情况"并不容易取消"。另外，中曾根也在摸索私人参拜的途径，也有意要建设新的吊唁设施。然而，这种种摸索，都遭到了遗族会的强烈反对（《柳谷谦介口述历史》）。

7 月下旬，中曾根内阁第三次组阁后，推进正式参拜的论调越发高涨。特别是以遗族会为后盾的党内靖国相关协议会，坚持"靖国问题是内政问题，如果屈服于外国，遗族会绝不答应"而不予让步。官房长官后藤田等人则主张，如果基于和约签署后日本接受了东京审判的结果这一事实，正式参拜则"不能忽视对方的感情"，得以压倒强硬论，获得首相同意后说服党内的权势者和阁僚停止一切正式和非正式的参拜。

最后，阁僚们取消了参拜。8 月 14 日，官房长官后藤田发表谈话说，"有人批评我们参拜对我国行为负有责任的 A 级战犯，进而，恐怕会招致对我国在各种场合表明的对过去战争的反省及对在其基础之上的和平友好的决心的误解和不信任。……说到底，这也不符合战亡者们最终的心愿"。

"后藤田谈话"中一方面把 A 级战犯的合祀视作最大的焦点，

最优先考虑到如何应对中国；另一方面，又坚持正式参拜符合宪法这一政府见解并未发生变化，"并不是要否定或者废除正式参拜这件事本身"。也就是说，在正式参拜符合宪法这一点上没有变化，却要顾及亚洲各国"每次"加以判断。

1986 年之后，首相中断了所有公私形式的靖国神社参拜。虽然可以说"后藤田谈话"起到了一定的效果，但不像教科书问题上的"近邻各国条款"那样，并未形成政府的统一指针。

政教分离与"目的效果基准"

后藤田身为辅佐中曾根首相的官房长官，认为首相决定正式参拜有以下四点原因：（1）遗族会的强烈愿望；（2）多数地方议会的决议；（3）自民党总务会的决议；（4）"靖国恳"的答辩。其中的（1）（2）（3）是遗族会和自民党的靖国相关议员发起的席卷地方议会的活动，给实现正式参拜施加了巨大的压力。与"回报英灵会"等靖国相关议员席卷地方议会相似的运动在 1990 年代的"不战决议"中也不断得到开展。

另外，后藤田的正式参拜论的立足点是 1977 年最高法院有关政教分离的判断。这场诉讼针对的是津市举行的地镇祭这一"宗教行为"是否违宪。最高法院判断，国家活动与宗教的完全分离实际上根本不可能，将是否抵触宪法第 20 条第 3 项中的"宗教活动"作为判断的指针。这被称作"目的效果基准"，即根据行为目的具有宗教意义，其效果是否属于对宗教的援助、助长或压迫、干涉等，从而判断其是否违宪。

政府以内阁法制局为中心，不断摸索不脱离"目的效果基准"的正式参拜的方式，最后以上面所讲的参拜方式固定下来。中曾根也根据津市最高法院判决的目的效果论与法制局商讨，并在国会发言说，"脱离开神道仪式和神道，以总理大臣的身份为追悼战亡者而进行礼拜，我认为是正确的"（1985 年 10 月 29 日众议院预算委员会）。

"目的效果基准"作为国家行为是否属于宗教活动的判定基准具

有最高权威。事实上，国家对带有宗教色彩的文化财产的保护、对宗教系统私立学校的补助金等，参照这一基准均可被视作符合宪法。

"后藤田谈话"立足于这一"目的效果基准"，虽然未能制度化，却开辟了通往正式参拜的道路。正式参拜的目的仅限于对战亡者的追悼，外在形式上也的确如此的话，就不属于宪法第 20 条禁止的国家宗教活动之列，这就是目前政府立场的原型。只要正式参拜不赋予神道特别的利益和地位，不压迫、干涉其他宗教，就不违反宪法。

但是，即使参拜目的带有世俗性，其效果上造成国家与宗教团体关系特殊的印象，也有可能被判断为助长或排斥了某一特定的宗教。

事实上，以小泉纯一郎首相屡次参拜而遭受精神打击为由，188 人提出要求赔偿损失的诉讼，其判决（2005 年 9 月）也显示出这种违宪判断（以原告未上诉而告终）。总之，关于政教分离的"目的效果基准"也未能成为政权首脑引以为据的坚固的基础。

分祀论的起源

1985 年 12 月，时任驻中国大使的中江要介苦于应对靖国问题，受到为《大地之子》取材而正在北京访问的山崎丰子的邀请，与胡耀邦一起用餐。当时，胡耀邦提到，正式参拜供奉有 2000 名战犯的靖国神社引起了问题，中国人民不会接受现状。山崎指出，B、C 级战犯和中国人民一样也是牺牲者，他们和 A 级战犯是不同的，对此，胡耀邦回答，"光是除去 A 级，国际上对这个问题的看法也会大不一样"（《亚洲外交　动与静》）。

中江将此对话提交外务省，据说成为苦于应对参拜问题的中曾根倾向于"分祀论"的契机。实际上，中曾根通过岛村宜伸等议员和靖国神社的宫司等相关人员商讨过分祀的方式，却遭到包括东条英机遗族在内的所有人的反对。

事实上，中曾根身边的人通过各种渠道开展了分祀工作。私下从事分祀工作的人员在读卖新闻社发行的 *This Is*（1986 年 10 月刊）上发表匿名文章，题为《警告靖国神社的宫司》。文章中写道，A 级战犯"对太平洋战争开战以及由此造成的本国、他国国民数百万人的牺牲负有历史责任"，并且"与接受国家权力之命悲惨死去的战亡者们有本质上的区别"，因而主张分祀，然而"接受首相意见的财界有力人士均劝说松平宫司将 A 级战犯转移，顽固的宫司却执迷不悟，首相只好选择了中止参拜"。

文章还呼吁，"靖国神社是宗教法人，确实有理由排除政府的干涉。如果是这样的话，那么要求首相和阁僚正式参拜就是越权和不逊。……如果无法改变这种不合理性，应该尽快建设祭祀殉职人员的公共设施，停止靖国神社独占战亡者的现象"。

但是，从靖国神社的立场来看，A 级战犯的合祀并不是神社方面单独的决定。神社解释为，遗族援护法（1953 年）修改后，获死刑的战犯和其遗族事实上和战亡者及遗族享受同等的待遇，意味着获死刑战犯在法律上的复权，由此神社才担负起合祀的责任（《昭和殉难者靖国神社合祀的根据》，《靖国》1986 年 3 月号）。也就是说，"靖国并不是随便采用合祀的"。

对此，政府坚持其立场至今没有变化，即合祀是神社的单方面行为，政府仅仅是从事务上协助进行调查（1986 年 10 月 22 日众议院法务委员会）。对宗教的行政介入也有违宪法，政府是不可能承认有此事实的。

"侵略战争"的争议

如前所述，围绕 A 级战犯的国会争议出现在合祀公开后的 1979 年以后。在野党最初的反对意见为，"在靖国祭祀 A 级，与解除战争责任有关，违反历史潮流，事关重大"（1979 年 4 月 20 日众议院内阁委员会）。

然而，1982 年的教科书问题和 1985 年的靖国神社问题上升为"国际问题"，各国（特别是中国）提出批评，和约第 11 条的问题开始浮现出来。1985 年 11 月，议员土井隆子（社会党）和外务大臣安倍晋太郎之间的论战就是其中的一个典型。

土井引用了条约局长小和田恒的答辩说，和约第 11 条承诺接受东京审判，就意味着 A 级战犯是国际承认的罪犯，她指出："战亡者和战犯是不一样的。……遗族当中，也有人反对把被赶到战场的人和命令他们去战场的人合祀在一块。而且，从受侵略方的角度来看，这违反了（日中）共同声明中不再重复过去的错误并深刻反省这一宗旨，是个严肃的问题。"

对此，外务大臣安倍表示，"坦率地说，我也觉得中国方面会如此判断"，随后他又反驳道，"并不是出于对受刑的战犯表示哀悼，而是在靖国这么一个祭祀战争牺牲者的中心场所，来祈祷和平的立场"（1985 年 11 月 8 日众议院外务委员会）。

还有一个典型是 1982 年 8 月，外务大臣樱内义雄和议员野间友一（共产党）之间的论战。樱内曾作为补充兵参加了汉口战役，在中国大陆受伤后回国，被免去了兵役。野间议员则是律师出身。

> **樱内**　对战前我国的行为，国际上严肃地批评为侵略。这一批评的事实我们已经接受，政府也充分地认识到了。
>
> **野间**　这种认识里，侵略战争和错误的战争这一点，我认为都是客观明确的事实和评价。
>
> **樱内**　受到国际上的这些批评，政府也充分认识到了，也就如此而已。另外，我要特别声明的是，战后日本在和平宪法下对战争是否定的，也明确地采取了更加超越的姿态。
>
> （1982 年 8 月 20 日众议院外务委员会）

政府的一贯立场

土井在此提出的问题是，国际上都承认的战犯能和战亡者性质相同吗？1980 年代出现的靖国神社问题，对和约第 11 条"承诺接受国际军事审判”的国内意义重新提出了质问。国内外有关东京审判的论证随着研究的进展，对其评价也多种多样，但是政府对于和约第 11 条的立场，在议和前后都不曾发生变化。

在东京审判问题上，后藤田再次强调说，“战争是国家之间的战争，不能转嫁为个人责任，就连法官当中也有人提出异议。但是日本为了重生，还是作为国家承认了旧金山和约，就不能对审判进行否定了”（1986 年 9 月 9 日参议院决算委员会）。但是，即便如此，政府也没有承认以“侵略战争”为基调的东京审判的判决是正当的。樱内的答辩就体现了这一点。

后藤田也表示，“过去的那场战争，各国都认为它是侵略这一事实，日本也无法否认，这就是政府的立场”（同上）。虽然严肃地接受了国际上对侵略战争的批评，但并不主动承认。整个 1980 年代，政府都坚持了这一立场。正式承认“侵略战争”的话，立刻会延伸到责任问题上，要求“国家补偿”战争损失的运动和众多的战后处理立法问题，都难免会受到影响。

既然认识到国际上的批评，为何不主动承认侵略战争呢？樱内的回答是，“和平宪法否定了战争，因此我们采取了更加超越的姿态”。这和与其去争论是不是侵略战争，不如视作和平宪法已经清算了过去的战争，重要的是迈向了和平国家的建设这一立场保持了一致。

如上所述，政府不得不采取的矛盾立场是，在严肃接受侵略战争这一国际批判的同时，并不主动承认。立足于用和平宪法来清算过去的战争这一立场，虽然还不能消除这些矛盾，但确实是逃避矛盾的权宜之计。这是把国际化的历史问题局限于国内的为数不多的方法之一。

第五章
历史教科书问题
—— 从意识形态争议升级到国际问题

家永教科书诉讼

历史教科书问题成为外交上的争议是在 1980 年代。然而，作为国内问题，其实从 1950 年代就开始存在了。

随着左右社会党的统一和保守政党统一下"55 年体制"的成立，执政的自民党和在野党各派的对立，自然而然地反映在文教行政上文部省、教育委员会和日本教职员组合（"日教组"）的对抗中。就在保守政党统一前的 1955 年秋，日本民主党的教科书问题特别委员会制作的小册子《令人担忧的教科书问题》就严厉批评日本的教科书起到了推动"日教组"的政治活动和激进的工人运动的作用，偏向于把马克思列宁主义"强加给儿童"。

这种极端的"偏向"论显示了 1950 年代"国内冷战"的严峻。负责教科书审定的文部省处在自民党右派的意识形态控制下，否定教育改革的成果，似乎有意恢复以向天皇表敬为主线的战前国史教育。

1950 年代的教科书，正如曾任教科书问题特别委员会委员的文部大臣清濑一郎在国会上所说，"思想上偏向于某种意识形态"（1956 年 2 月 10 日众议院预算委员会）。十年后的 1965 年，日本史教科书的执笔者家永三郎（东京教育大学教授）提起的教科书诉讼就与此相关。

"荒唐的战争"论战

关于家永教科书，国会经常议论的具体历史问题是"荒唐的战争"论。

家永教科书中写道，随着日中战争逐渐演变为太平洋战争，日本完全陷入了军国主义中，国民根本不明真相，"唯有被置于热情配合荒唐的战争之下"。特别是对"荒唐的战争"一词，教科书调查官批评其看法过于片面。

1965 年 5 月，文教委员会上，曾在学徒时代参军出战的议员川崎宽治（社会党）提出质疑："对家永教授的原稿，调查官提出了这样那样的要求，看其内容，不过是让把太平洋战争写得正面一些，请问这是文部省的统一意见吗？"

对此，文部省初等中等教育局长福田繁回答，并没有下达"正面描写"太平洋战争的指示，不过，"荒唐的战争"这一描述，是从特定的立场来记述太平洋战争，文部省"希望再多一些教育上的考虑"才提出的要求（1965 年 5 月 12 日众议院文教委员会）。

与这位局长的国会答辩相呼应，同年 5 月公布了有关审定的"文部省见解"。其中指出，教科书并非学术书和专业杂志，"必须考虑中正妥当的教育处理方式"，并做了以下记述：

> 审定并非考量著者的思想和学问研究的价值，而是看它是否符合教育上的处理。比如，对我国历史，如果将重点放在其缺陷和失败、阴暗的社会侧面等问题上来教授，难免有失妥当。从整个角度来看待民族的生活体验，才能培养出真正的国民情操。
>
> （《读卖新闻》1965 年 5 月 5 日）

　　这一"文部省见解"甚至涉及历史叙述的内容，在战后审定史上也是史无前例的。估计是调查官之一的村尾次郎为首做出的总结。

　　村尾身为调查官却少见地积极通过媒体表明自己的立场。他指出，家永教科书"将日本史置于俎上，强调它是多么的不民主和具有侵略性，并视作历史教育的本来面貌"，并主张这是"把和平与民主主义渗透给国民的决定性方法"。为何历史教育会倾向于这种"善恶决定论"呢？战后历史学的"左倾化"也反映在历史教科书中，并贯穿了"要把世界变革为社会主义的问题意识"（村尾次郎《这样的战后的历史教育能行吗》）。

　　村尾在论述中还明确地提到，教科书因未能完全脱离占领时期形成的马克思主义日本史观的影响"而被要求修改"。从中可以隐约瞥见，在"出于教育考虑"的名义下，对"左倾化"的教科书提出了历史理解的另一种方式。

未被质疑的"历史教育应有的姿态"

　　家永诉讼容易被人看作保、革两派意识形态对立的象征，实际上它也有可能发展成超越这种对立的争论。就像社会党议员也承认的那样，从历史教育的观点来看，学习指导要领和审定标准"根据看的人的主观可以任意解释"。

　　例如，议员小林武（社会党）强调在序言中呼吁新宪法"不再由于政府行为引起战争的惨祸"，并指出，"只有把基于这部宪法之上的反省作为前提，才能具备符合日本国宪法下的教育目标的内容，对过去的史实不进行更加深刻的反省，而是盲目地、无批判性地对待，如果认为这能提高日本人的自觉性，培养热爱民族的精神的话，这种观点是违背日本国宪法以及教育基本法的精神的"（1963 年 6 月 20 日参议院文教委员会）。

　　民主主义与和平的概念被视作绝对的标准，是对上述村尾调查官见解的挑战。然而，文部大臣和文部省对此并未做出回应，也未能发展为在国会内外讨论宪法下历史教育应有姿态的问题。

1960 年代后半期，围绕与中央教育审议会制定的中间草案《期待的人物形象》有关的爱国心问题、"建国日"的制定问题等，保革两派的对立不断加深，被掩埋在意识形态的对立中。

1997 年，最高法院判决审定制度符合宪法，家永诉讼告终。然而，经过 30 年的审判过程，促成了审定手续的明确化与不合格处分的救济措施等制度上的改善。家永本人解释说，诉讼的意义在于通过权力的介入来保护国民精神的自由。确实，家永审判的问题意识在国民当中形成了相当程度的渗透。另外，由于诉讼的争议点在于审定制度的是非上，作为"公教育"的历史教育应有的姿态的论证未能深入展开。

作为"内部历史问题"的教科书问题受到外界的质疑，是在进入 1980 年代之后。这使得停留在保革意识形态框架内论证的历史教育的应有姿态这一问题，也出现了新的讨论方向。

1982 年的历史教科书问题

日中邦交正常化十周年的 1982 年，庆祝的气氛被一件事情彻底破坏。起因在于 6 月 26 日各大报纸的报道。

各大报纸均报道了前一天公布的高中日本史教科书的审定结果。报道中的相同点是审定后将日军对中国的"侵略"修改成"进入"。后面会提到，报道中提到的被强迫修改，其实是误报。但是，教科书在审定后将"侵略"修改为"进入"这件事确有其事，从这一点来说也不能说是误报。

总之，一个月后的 7 月 26 日，中国政府把文部省的行为批判为"日本军国主义篡改了侵华历史"，要求纠正审定教科书的错误。在此期间，韩国政府也批评其中关于殖民统治的记述，但是，在提出抗议和批评并要求纠正这一点上，中国比韩国的态度更为严厉。

对中国的抗议，日本政府表示正在为教科书记述的恰当性做出最大的努力，同时却又明确了不予修改的立场。这种姿态透露出其对自民党文教族的顾虑，招致了中国和韩国更加强烈的反抗，给原计划9月访华的首相铃木善幸、文部大臣小川平二也造成了恶劣的影响。

文部省国际学术局局长大崎仁随同外务省情报文化局局长桥本恕访华，试图打破僵局。据说，他展示了目前使用的教科书，并"解释了其绝没有违反日中共同声明的精神，中方的基本态度却没有变化"（1982年8月20日众议院文教委员会）。

8月26日，日本政府发表了同意修改的"宫泽喜一官房长官谈话"，试图平息事态。其内容是，"为了促进与亚洲近邻各国的友好亲善，充分听取这些批判，由政府负责进行纠正"。

中国方面认为应该立即采取"切实有效的措施"，尚未表示同意，政府却在保留宫泽谈话底线的基础上，对审定标准的修改日期进行了补充说明。此时，亚洲局局长木内昭胤等人负责中方的说服工作，他们之间的非正式接触为双方妥协做出了贡献（服部龙二《日中历史认识》）。

在解决过程中，文部省始终坚持这个问题关系到审定制度的根基，"绝对不能修改"，并获得了自民党文教族的支持。而外务省则认为，"不再重蹈覆辙并将其体现在教育当中"更为重要，主张提前对教科书进行重新审定。外务省的这种态度，当时的外务审议官柳谷谦介做了如下描述：

> 日本无法主动正式承认，"那场战争是侵略战争"，理所应当的，日本认识到"被世界看作是侵略战争"这一事实。另外，也必须有严肃接受的意志力。这在后面的"中曾根讲话"中也有所提及。
>
> （《柳谷谦介口述历史》）

"中曾根讲话"是指问题平息后中曾根在国会的一贯发言。例如，在1982年12月的参议院预算委员会上，他做了如下发言：虽

然对太平洋战争的历史性评价应该由历史学家来下结论，但是
"针对日本的行为，有关国家或世界的历史学家都判断为侵略行为
和侵略战争，我们都予以接受。我们需要深刻反省，并在此基础上
重新出发"（12 月 22 日参议院预算委员会）。翌年，他在行政改革
国会上又阐述了这一观点。

也就是说，战争的历史性评价应该由历史学家来进行，然而外
国对"侵略战争"的批判这一现实也必须严肃地接受。中曾根的
回答模式（"中曾根讲话"）就是通过这时的教科书问题形成的。

"近邻各国条款"的成立

当时，中国在进行外交交涉的同时，展开了激烈的批判活动。
1982 年 8 月 15 日的《人民日报》首次刊登了南京大屠杀的特辑，
还提到了新加坡和菲律宾的屠杀事件，批评了日本教科书的"篡
改"问题。"以史为鉴，面向未来"的观点就是从这个时候开始出
现的。

对日批判的背景之一是，中国共产党呼吁坚持走"独立自主"
道路，修正倾向美日的外交路线，另外也有进行历史教育的意图。
即使有这些国内的情况，然而教科书这一极具象征意义的题材引申
出日本方面的历史认识问题，却是不容置疑的事实。

1982 年 11 月，文部省根据"宫泽谈话"的内容，在历史教科
书审定基准中加入了"近邻各国条款"，规定"对于和近邻亚洲各
国之间的近现代化历史现象，从国际理解和国际合作的观点上进行
了考虑"。但是，新设的"近邻各国条款"，从所谓的"教科书主
权"的立场来看是对"教科书主权"的侵害。

领导遗族会的自民党议员板垣正回忆，"日教组"带有偏向的
教育在文部省"有信念的教科书审定检察官等"的努力下逐步得
到纠正，然而"近邻各国条款"将其"一举颠覆"，"给这个国家
在自由制作教科书上套上了巨大的枷锁"（1998 年 4 月 7 日参议院
总务委员会）。然而，"近邻各国条款"只是限制了自由制作教科

书，并不代表教科书染上了"侵略战争论"的色彩，反而事与愿违，还带出了一系列的历史问题。

1986 年的第二次历史教科书问题

接下来发生的问题，是 1986 年"保卫日本国民会议"（以下称"国民会议"）编写的《新编日本史》。

"国民会议"原本是以自主制定宪法为活动目标的政治团体，它之所以插手日本史教科书的编写，据说是由于 1982 年的教科书问题中日本政府屈服于"外界压力"而在审定标准中加入了"近邻各国条款"，是"软弱性"的表现。在教科用图书审定调查审议会（审定会）上，有人对《新编日本史》的复古论调提出异议，但是在 1986 年 5 月底实质上相当于审定最终阶段的"内阁总审查"中，以修改一部分内容为条件获得通过。《朝日新闻》（5 月 24 日）对此以《如今为何出现此类教科书》为题进行了报道，其中强调日本欲美化对外侵略及日方的受害等叙述格外醒目，引起了中韩两国的强烈反对。

最终，这一问题被视为 1982 年教科书问题的学习效果，在中曾根首相和文部省的迅速应对下防止了事态的进一步扩大，然而，外务省和文部省的矛盾没得到任何解决。6 月中旬，首相中曾根、外务大臣安倍晋太郎、文部大臣海部俊树和官房长官后藤田四人召开了会议，海部提出"审定制度是防止左翼教育统治的唯一一道屏障"，反对修改和撤回的要求，虽然不符合"宫泽讲话"的主旨，仍同意取消撤回。

但是，文部省认为要求出版商撤销出版属于异常手段而极力反对。据柳谷回忆，中曾根表示，"日本的历史教科书中，有一处右倾的内容也不过分吧"，要求不退回而是修改。一度同意退回的中曾根"变节"的理由，尚不为人知。且不论这些，收到指示后，外务省按照日韩能够同意的方向修改了有关记述，经过和文部省的调整后于 7 月 7 日提交给审定会，获得通过（《柳谷谦介口述历史》）。

订正的内容，包括从"满洲国建国"的有关记述中删去"王道乐土"（理想国家）一词，在"南京事件"中插入"南京大屠杀"一词等。对这些修改，中国外交部和驻日大使馆并不同意，认为"修改后的教科书，在加害者和受害者问题上也没有按照中国方面的想法来表达"。估计其理由在于，《新编日本史》中对"侵略战争"定性比较模糊。

虽然中国没有再度要求修改，但是即使存在"近邻各国条款"，在当时的审定制度下也不可能按照中国方面的历史观来进行记述。中方也逐步对日本审定制度的局限性给予了理解。

文部大臣藤尾的发言

然而，问题还不仅是教科书。1986 年 7 月 25 日，第二次教科书问题余温尚存，内阁重组后就任文部大臣的藤尾正行在记者招待会上，又重复强调《新编日本史》的审定过程存在问题。而且，他的发言带有强烈刺激韩国和中国的内容，特别是引起了韩国激烈的批评。

更糟糕的是，9 月初藤尾在《文艺春秋》10 月刊（9 月发行）的采访报道中，明言在吞并朝鲜一事上朝方也负有责任，首相在参拜靖国神社的问题上过于软弱等。有关内容在两国的媒体上被大肆报道，紧接着 9 月 7 日，韩国政府向日本驻韩大使正式提出抗议，要求采取有效措施解决问题，并提出将原本预定在 10 日举行的第一届定期外长会议延期（服部龙二《藤尾文相发言——来自外务省的记录》）。

1984 年 9 月韩国总统全斗焕访日，昭和天皇的"言辞"使日韩的历史问题得以平息。昭和天皇致辞说："本世纪的一段时期内两国之间曾经发生不幸，实在让人遗憾，再也不能重蹈覆辙了"，韩方将此当作"对过往历史的外交性谢罪"，两国关系进入了一个新的阶段（友田锡《入门·现代日本外交》）。

藤尾还说，发言内容比中曾根倡导的"战后政治总决算"更加前进了一步，是"一名政治家"的发言。然而，韩国政府却认为它是"恢复邦交后最重大的事件"，要求迅速采取措施（服部龙二《藤尾文相发言——来自外务省的记录》）。

外务省对自民党的有力人士开展工作，说服他们在杂志公开发行时要求藤尾辞职。党内虽有庇护藤尾的强烈意见，但在9月8日，包括藤尾在内的中曾根和后藤田举行会谈，做出了罢免藤尾的决定。据说，藤尾当场表示："我要是辞职的话，无法自圆其说。所以，请总理提着我的人头去向韩国请罪吧！"（《柳谷谦介口述历史》）。

日本政府在罢免藤尾的同时还发表了官房长官讲话，表达了遗憾之意。韩国政府看到日方迅速采取了措施，同意日韩定期外长会议按照预定日期召开。

议员关嘉彦（民社党）评价藤尾的发言时指出，"一部分历史书讲日本的历史全是镇压的历史，榨取人民的历史，我认为这是不对的。反过来，虽然有必要对其进行纠正，然而如果过度地认为过去的日本什么都好，不就成了真正的民族主义了吗？"关是社会思想史家，也是民社党党纲的起草者，他从社会民主主义的角度叹息道："藤尾的民族主义，真的让我毫无立场可言。"（1986年9月9日参议院决算委员会）

"近邻各国条款"的背景

1980年代出现的教科书问题，对日韩、日中邦交正常化的意义如何体现于历史教科书和历史教育中，即教科书审定的意义重新提出了质疑。

文部大臣小川平二和初等中等教育局局长铃木勋表示，1982年的教科书问题，审定意见是"改成更加客观、不带有价值判断的用词如何"的改善意见，并不是强制性的。

实际上，10种日本史教科书中，审定前就有"侵略"记述的有三种（四处），按照审定意见修改记述的有一种（一处），审定后仍然使用"侵略"一词的有两种（三处）。

　　小川还指出，根本不存在歪曲历史事实的意图，即使不适用带有价值判断的"侵略"一词，每部教科书都按照日中共同声明的主旨，并未美化过去的战争，而是"也写着立足于对过去事实的严肃反省上应该付诸努力"（1982 年 7 月 29 日参议院文教委员会）。

　　另外，小川还指出，历史教科书记载历史事实有助于读者养成自己判断的能力，并提出改善意见。政府委员（初等中等教育局局长）也答辩道："立足于史实客观地记述历史并客观地加以判断，培养这种态度即是历史教育的目的。"（同上）

　　但是，这种以现行的审定制度为前提的观点，对于中方认为只要不承认侵略就是侵略的问题，是无法解决的，同时也遭到了在野党的强烈批判。于是，问题就涉及历史教育应有的姿态了。

　　1982 年教科书问题发生后不久，社会党议员楢崎弥之助发现，某历史教科书中有关南京大屠杀的记述在审定后被更改了。审定前的叙述为："在占领南京期间，日军杀害了大量中国军民，并进行了暴行、掠夺和放火，造成南京大屠杀而遭到国际上的谴责。屠杀中国人的数量据说达到 20 万人。"然而，审定后却更改为："遭到中国军队的激烈抵抗，日军也损失惨重，对此激昂的日军在占领南京期间屠杀了众多中国军民，受到了国际上的谴责。"

　　官房长官宫泽回应道，根据文部省的观点，"审定时尽可能地根据按照客观事实来编写这一观点进行了审定。……仅凭东京审判中陈述的内容，能否看作真实的历史呢？"对此，楢崎反击说："那么官房长官的观点是对东京审判的判决怀有重大的异议，我们只能这么认为。"

　　楢崎还指出，"修改国际审判的判断，是对东京审判判决的挑战"，宫泽的答辩再次表明，根据和约第 11 条，接受了国际军事审判这一事实并不意味着接受了判决的内容。

　　同时，宫泽还坚持表示，"从一边看到的风景很难说是事实上的风景"，在日中共同声明中双方同意的表达方法——痛感战争给中国国民造成的重大损失这一责任，并深刻反省——的基础上，

"要修改教科书不是由国家决定，这并不是政府的权限"（1982 年 7 月 29 日众议院内阁委员会）。

从宫泽的答辩中可以看出，政府苦于如何将日中共同声明的意见反映在公共教育的教材中。这是因为政府对审定制度的影响力受到局限。半年后在审定标准中加入了"近邻各国条款"，可以看作极力挑战审定制度底线的结果。

历史教育争议——三种观点

1985 年 4 月的众议院文教委员会上，民社党议员泷泽幸助指出，审定后的中学用教科书中，"侵略"一词仅仅用于日本的行动，而终战时苏联单方面侵占满洲和北方领土的行为，"这不是侵略是什么？"并和文部大臣松永光展开了争论。

> **泷泽** 日本的教科书问题，从第三者的角度来看日本的话，我认为未必是教育上的见解。作为学问的历史和作为教育的历史是不同的。……从教育的角度而言，不是用第三者的冷漠的视线，而是要想着国家，爱着国家，盼望孩子们健康成长，用充满爱的观点来看待历史。……而如今我国教科书使用的表达方式极其让人遗憾。
>
> **松永** 今后的教育必须培养能够适应国际社会的日本国民。从这个意义上，教给国民一方独善的历史并不妥当。历史教育还应该符合客观事实并且公正，内容均衡。而且，关于我们的先辈们和我国过去的行为导致了反复侵略这一事实，过度讲授也有失妥当。
>
> （1985 年 4 月 17 日众议院文教委员会）

松永重视的是客观并且公正、内容均衡的历史教育，泷泽则认为，历史研究与历史教育不同，中等教育需要"想着国家，爱着国家，盼望孩子们健康成长，用充满爱的观点来看待历史"。两者在否定将"侵略战争论"直接写入历史教科书这一点上是一致的。

针对这两种历史教育观，议员有岛重武（公明党）曾指出，历史教育不仅需要对事实的正确认识，还要"在一种历史观下进行价值判断"，学校教育的判断基准应该是"和平、民主、人权的宪法三原则"。这是对文部大臣小川平二所说的"不认为教科书里必须要使用伴随价值判断的用语"的反驳（1982 年 7 月 30 日众议院文教委员会）。他主张，现行宪法的各项原则正是教科书记述的基础。

以上三种历史教育的观点，和现在的争议也有共通之处。松永的观点，也是今天文部省对审定的态度。泷泽的主张则与"新历史教科书编写会"的观点相通。最后的有岛的意见，虽然在历史教育上很难实现，却是众多教育者的关注所在。

作为这一时期的提议，议员村上邦（自民党）对中曾根首相的"国际国家"构想提出了历史教育这一课题，并谈及教科书的编写问题，主张"当前，日韩、日中两国的民间人士召开圆桌会议，互相坦诚地交换意见如何？中国、韩国的教科书中不也赤裸裸地写着对我国的憎恨吗？日本也应该把想法说出来。两国自由地交换意见并讨论才有意义"。当时的文部大臣盐川正十郎表示赞同，认为把"民间层次的意见交换"作为参考"很不错"（1986 年 10 月 6 日参议院预算委员会）。

在民间层面，早在 1980 年代已经开始与韩国进行历史对话，然而政府开始关注并支持历史对话，是在 1990 年代的后半期。

第六章
战后处理问题的"终结"
——忍耐论下对国家补偿的回避

普通市民的除外与三大补偿问题

第Ⅰ部中提到过，对日本国民的战争受害补偿，基本上只限于军人、军属以及执行国家任务的情况，并未涉及空袭等造成的普通市民的战争损失。因此，原子弹受害者团体和空袭受害者团体等普通市民发起了各种补偿运动，各种诉讼和国会内外的立法运动也不断展开。对此，政府坚持国民整体应该"忍耐"战争受害，仅仅承认社会保障制度范围内的支付。

不过，也有注意到"特别"牺牲而进行特别立法予以救济的情况。包括应原子弹受害者要求而成立的原爆二法（1957年的《原爆医疗法》、1968年的《原爆特别措施法》）、对撤退人员的补偿立法（撤退支付费、西伯利亚扣留损失、在外财产的损失填补等）等。

然而，这些措施并不像针对包括军人、军属在内的公务员及其遗族的恩给法、遗族援护法那样，属于"国家补偿性质"的补偿。多数都是从人道的立场给予的暂时性支付，补偿金额也极低。由于这些欠缺，要求补偿的活动始终未能平息。特别是不具备恩给资格者、西伯利亚被强制扣留者和丧失在外财产这三大问题尤其突出，经常被提交国会和法庭讨论，政府也苦于应对。

不具备恩给资格者是指军队服役年限短、不符合领取恩给条件、无法领取退休金的旧军人和军属，其人数达到 253 万之多。另外，被苏联强制扣留在西伯利亚的人员达 57.5 万，其中回国人员 47.3 万，中途回国人员 4.7 万，现地死亡人数达 5.5 万。

在外财产问题即在第三章中提到的对将财产留在旧殖民地回国的 206 万人的补偿问题。虽然已经支付了"慰问金"，然而远远不及对丧失财产的补偿。归国者团体全国联合会的副理事长结城吉之助作为参考人出席国会，他指出，"政府把在外私有财产充当了赔款，因此，我相信这些成为我们日本国家重建的原点"（1988 年 4 月 28 日众议院内阁委员会）。根据近代国家私有财产不可侵犯的原则，在外私有财产被充作赔款金，如此强烈地要求补偿有其相当的理由。

战后处理问题恳谈会的启动

1982 年 6 月，政府和执政党达成一致，在总理府总务长官的名义下设置"战后处理问题恳谈会"（委员长水上达三，以下称"恳谈会"），对以上三大补偿问题重新进行讨论。普通市民的受害仍旧被排除在讨论之外。"恳谈会"之所以启动，是由于给自民党拉选票的组织中的各个利益团体，向中曾根内阁施加压力要求国家补偿。

1984 年 12 月，"恳谈会"经过 35 次会谈，向官房长官提交了报告书。

报告书首先指出，"但凡战争，均对全体国民造成损失，从这一点上可以说全体国民都是战争受害者"，战后处理问题是将"战争损害""公平化"，并分别做了如下叙述。

对不具备恩给资格者的问题，领取资格是制度的基本条件，在数十年后的今天不能仅对军人采取变更。理由是会造成与接受国家命令而实际参与战争工作的其他一般人之间的不公平，所有国民虽在程度上存在差异，但是着眼于都蒙受一定的战争损失这一事实，从"社会平衡"这一观点来看存在问题。

对西伯利亚被扣留人员的问题，报告指出，不仅是违反了《波茨坦公告》，也违反了对俘虏采取人道主义这一国际惯例，从事残酷的劳动却几乎未曾得到报酬，"有关人员向国家寻求补偿的心情不难理解"，对此寄予深切的同情。而国家也在恩给法中设立了扣留的加分项目，通过向国内家属支付补贴等力所能及地付出努力，但采取特别政策，从与其他战争牺牲者之间的"平衡"观点有失妥当。即使是残酷的扣留，"也是属于国民必须从各自立场接受的战争损害的一部分"。

对丧失在外财产的人员，报告也指出，与一般战争受害者蒙受的损失相比较，如果情况特殊的话则可以通过支付（慰问金）来实现"公平化"，而不实施新的补偿。

"恳谈会"的上述结论，政府也予以接受，1988年创设了恳谈会提议的"和平祈念事业特别基金"。和平祈念事业没有对三大问题的对象人员等实施新的补偿，而是代之向不具备恩给资格人员、扣留中的死亡人员寄信和赠送银杯、慰问品，对撤退归国人员赠送书函等"体现慰藉之意"的内容。另外，作为和平祈念事业的一部分，在总务省的管辖下成立了"和平祈念展示史料馆"（现在新宿住友大楼内），展示撤退归国人员"艰苦"的资料，并编辑手记刊行成册。"和平祈念事业特别基金"的创设，宣告了政府处理战后问题的终结。

1988年4月，面对"我想知道政府对本次大战造成的战争牺牲者的基本态度"的提问，官房长官小渊惠三做了如下回答（1988年实际上是昭和年号的最后一年）：

> 众所周知，在先前的大战中，所有国民均蒙受一定的牺牲，作为政府，对如何回报国民颇费苦心，然而事实上财政方面也存在困难，基本认为每一个国民都需从各自的立场予以接受。
>
> （1988年4月28日众议院内阁委员会）

小渊长官的答辩指出每一个国民都需从各自的立场予以接受，意味着国家对日本国民的战争牺牲做出的"补偿"，已经到了终点。

"国民忍耐论"的展开

对战后处理问题，"恳谈会"的理论中始终贯彻的是，把国民看作战争的"全体受害者"，与众多战争受害者立法对象者之间的"公平"观点以及"国民忍耐"。而与此同时，"国家补偿"观点则被慎重地回避着。

"国民全体受害者"观点下的"忍耐"，意味着国民全体虽存在程度上的差异，却不得不忍耐受害和损失。

战争受害审判中"国民忍耐论"的展开，最早起源于 1968 年11 月关于在外财产补偿的最高法院的判决。最高法院主张，遇到关系国家存亡的紧急事态，国民或多或少都不得不忍耐其生命、财产的牺牲，这些牺牲，国民必须视作战争牺牲或战争损失而一律忍耐，宪法根本未曾预想对其补偿。接着，又追加如下内容："先不说作为政治论如何来评价国家的战争责任，从法律观点而言，要对开战、议和等所谓的政治行为追究国家非法行为的法律责任并寻求法律救济的大门尚未打开。"

"国民忍耐论"在后来的众多战争受害审判中也频频出现，如1970 年后半期提起的东京大空袭诉讼。

这场诉讼是对因"侵略战争"的开始、推行而死亡的妻子的损害赔偿，要求进行战争灾害的补偿和谢罪。但是，1980 年 1 月，东京地方法院做出判决，回避了战争性质问题，提出了三个判断：（1）战争灾害发生在战争这种非常情况下，属于所谓"忍耐义务"的范围，国家不产生损害赔偿的责任；（2）战争灾害是在战争实施过程中发生的，是国民整体平均负担下的国家存在所必需的贡献牺牲，而并非"特别"的牺牲；（3）战争灾害的补偿和赔偿是立法政策的问题。

另外，自 1973 年《战时灾害援护法案》作为议员立法提交国会以来，直到 1988 年共计 14 次之多，其结果却都是"审议未了"

或继续审议。在野党提出的这份法案,要求对因空袭等战时灾害死亡的人员采取与遗族援护法的"国家补偿精神"相同对待,死亡时拥有"日本国籍"为领取条件这一点,也和其他的补偿立法相同(宍户前引论文)。

对西伯利亚被扣留人员的苦心

即使有"国民忍耐论"这一后盾,政府最苦于应对的问题,要数对西伯利亚被扣留人员未付报酬的问题以及对原子弹受害者的处置问题。首先是前者,在国会中也有人多次恳切要求,"西伯利亚扣留与其他情况还是略有不同。毕竟和身处温暖地带的俘虏处境不同。牺牲人员也要多得多。因此还是应该进行某种形式上的政治性考虑才对"(社会党濑谷英行议员,1984年4月4日参议院预算委员会)。

政府的一贯认识是,苏联的扣留是违反国家法的行为,而《日苏共同宣言》(第6条)中放弃了所有请求权,因此日本无法向俄罗斯提出质疑,而且,从国内法上,政府也不承担补偿义务。其根据就在于"关于先前的大战,无论战中战后,国民全体或多或少都蒙受了战争的各种牺牲。……对于这些战争牺牲,国民必须平等忍耐"这一忍耐论(外务省欧亚局局长西山健彦委员,同上)。

原被扣留人员陆续提出诉讼,要求支付未付的酬劳,最高法院在1997年3月还是基于"国民忍耐论"最终驳回了这些要求。但是,为了督促立法机关早日解决,政府在2006年废除了和平祈念事业,开始了新的慰藉工作。议员立法方面也加快解决问题,2011年通过了支付特别补偿金的《战后强制扣留者法》。然而,支付对象仅限于扣留时拥有日本国籍者,朝鲜人(韩国人)和台湾人被排除在外。国籍问题仍然未能得到解决。

原子弹受害者的"战争牺牲"

普通市民的受害中,采取了额外补偿措施的原爆二法(《原爆医疗法》《原爆特别措施法》),是唯一排除国籍条件的例子。然而，却未能加入原子弹受害者团体要求的"国家补偿"和"援护"等字样。同样是从人道主义立场采取的额外措施，却有浓厚的社会保障性支付的色彩。之所以与其他战后补偿立法不同，没有设立国籍条件，是由于原子弹受害这一健康受损的特殊性和重大性，在救济上不应区分国内国外。

1978年，非法入境的韩国原子弹受害人能够适用于《原爆医疗法》的"孙振斗审判"中，最高法院判决，《原爆医疗法》具有社会保障和"国家补偿"的双重性质，从其人道目的而言，就算是非法入境者，也承认其适用于该法。

最高法院做出以上判决后，政府设置了"原爆被爆者对策基本问题恳谈会"（委员长茅诚司，以下称为"基本恳"）。1980年1月提出的"基本恳"的答辩，继承了1968年最高法院的判决，仍旧宣扬"国民忍耐论"，虽然承认辐射造成的健康损害为"特别的牺牲"，却否定了国家在原爆受害上的法律责任。

根据"基本恳"的结论，政府于1981年春的国会上提出了原爆二法的修改方案（政府方案）。在野党表示反对并联合提交了《原爆被爆者等援护法案》，围绕两种方案展开了激烈的攻防。

政府和自民党的方案以最高法院判决和"基本恳"的答辩为基础，并非以发动战争的责任而是"基于结果责任上的国家补偿"为其基本观点。对此，在野党的方案是，对原子弹受害者和普通市民在内的所有战争牺牲者，都作为实施"侵略战争"的国家责任来进行"国家补偿"。

两种方案的隔阂，也可以从议员今井勇（自民党）和议员森井忠良（社会党）的争论中窥见一斑。

　　今井　不仅是广岛、长崎，还应该救助所有的战争牺牲者这一点，我想听听您的意见。

　　森井　即使预算有问题，国家发动的战争也必须承担所有的最终责任。七人委员会（"基本恳"）的观点，把战争责任归结为国家的统治行为。而我们这些经历过战争的人是无法同意的。为何要由国民来全部承担意图侵略亚洲而发动的战争所造成的牺牲？就算是统治行为的观点，也应该注意到，西德不仅对军人，也对普通国民平等地进行了国家补偿这一点。……

今井　我再重申一遍，无论原因行为是否违法，在结果责任的基础上，由国家来对受到相当损失的人进行补偿这一观点是正确的。

（1981 年 4 月 23 日众议院社会劳动委员会）

政府方案和在野党方案的根本不同之处在于，前者未能触及投放原子弹的责任论和战争责任论等政治论，始终围绕着结果责任论，不承认国家的完全赔偿责任（国家补偿）。这一对立结构在整个 1980 年代也未出现变化。

获得内部支持的"国民忍耐论"

如上所述，国会中的争议已经达到了白热化的程度。议员栂野泰二（社会党）和厚生大臣园田直之间的争议就是一个典型。栂野在广岛迎来了战败，又在现场救助了众多的原子弹受害者。时任千岁基地天雷特别攻击队司令的园田正在准备进攻塞班，突然接到突袭搭载原子弹飞机的命令变更装备时，战争就结束了。

栂野　大臣如何看待那场战争的性质呢？

园田　虽然我不认为太平洋战争完全就是侵略战争，但是起源于以满洲为开端的对中国的侵略。

栂野　如果是侵略战争的话，就必须赎罪。到底对谁用何种方法补偿呢？……我觉得第一是受到侵略的国家和国民，第二是由于身处殖民地而被迫援助日本的侵略战争而牺牲的人，第三是这个国家的国民。

园田　国家领导人的失误造成人民的苦难，对这些人的最

◆ 92 ◆

大责任是第九条。告之于世界大众,让这种精神沉淀在世界上才是最大的责任。

(1981 年 4 月 9 日众议院社会劳动委员会)

栂野从侵略战争的立场,主张应该优先"补偿"受到侵略的国家和国民。另外,园田认为,虽然不能说太平洋战争整个就是侵略战争,其原因在于对中国的侵略,承担"错误行为"的责任,就是向世界公告宪法第 9 条,并沉淀其精神。这是 1980 年代后国会内外关于"侵略战争"争论的一个典型。

总之,要求对原子弹受害者进行"国家赔偿"的在野党提议未能实现。1994 年原爆二法统一,制定了《关于对原子弹受害者援护的法律》。序文中提到,要在"国家责任"之下寻找综合的援护措施,"作为国家,为了铭记牺牲于原子弹爆炸的尊贵生命而制定此法律",但其中仍旧找不到承认"国家补偿"和"国家战争责任"含义的字句。

正因为战争动员了全体国民,发展为全面战争,使与国家并无契约关系的普通市民蒙受战争损失,当然应该获得某种补偿。这种观点从"公正"的角度被反复提出。然而,无限地扩大国家补偿的范围,必然会增加国家的负担,于是就出现了阻止它们的"国民忍耐论"。其中隐藏着"国民总责任者论",即"国民原谅了使国家陷入战争的领导者,那么就是国民的结果责任"而应该忍耐(自民党议员熊代昭彦,1994 年 12 月 1 日众议院厚生委员会)。

可以说,"国民忍耐论"是从内部支持议和体制的理论。另外,向基于议和体制之上的战后处理体系发起挑战的在野党,质问在和约这一国际约束中接受东京审判,却又为何不承认侵略战争。但是,对战后处理体系构成危险的,与其说是在野党,倒不如说是在执政党党内。

例如,文部大臣藤尾在所谓的"藤尾发言"后,作为阁僚虽然明确表示要遵守东京审判的判决,却又质疑构成占领政策一部分的东京审判的合法性，并由此主张修改宪法和自主制定宪法来确立自民党的立党基础（1986 年 8 月 22 日参议院决算委员会）。

也就是说，虽然可以从遵守宪法的立场来抵挡在野党的攻势，在否认就意味着破坏议和体制的宪法和东京审判这一问题上，除了以与亚洲近邻各国的善邻友好为由，再也找不到其他有效的对抗方法。

有待解决的战后处理问题

1982 年 10 月，即将成立新政府的中曾根康弘在《新政府政策手记》中，列举了有关战后处理的"三大课题"，即"中国孤儿、台湾军人、桦太的韩国人"（渡边昭夫编《战后日本的宰相们》）。对刚刚组建内阁的中曾根而言，战后处理问题不是靖国神社和历史教科书的问题，而是如何补偿"中国孤儿"和台湾出身的原日本士兵这一对外问题。

"中国孤儿"问题是指残留在中国的日本人的归国问题。根据1959 年的《未归还者特别措施法》，下落不明的未归还者 13600 多人被宣布死亡，取消户籍。1972 年日中邦交正常化后，"中国孤儿"正式开始归国，然而其调查与援助活动尚不充分。2001 年，占永驻归国的残留孤儿七成的 1860 人提出了集体诉讼，要求国家进行赔偿。起诉理由是在"开拓满洲"这一荒唐的国策下被送往满洲，受到苏联军队的侵攻后被丢在前线不顾，作为日本人回国后，又无法享受到足够的援助。

"台湾军人"问题如上所述，是指战后非自愿地丧失了日本国籍，而无法适用于遗族援护法等的台湾出身士兵的补偿问题。这一问题原本应该根据"日华和平条约"来处理，但是 1972 年的日中邦交正常化使"日华条约"失效而无法解决，最终在 1987 年通过议员立法支付吊唁金的方式得以解决。

朝鲜出身的原日本士兵也是相同情况，他们也由于丧失了日本国籍而无法领取恩给。这个问题虽然屡次被提上法庭，却因为由国籍来决定恩给的支付并非不合理而被驳回。地方法院和高等法院指出，为了日本参加战斗，负伤却不能领取补偿，让人无法理解，应该采取一定的立法措施，与台湾出身的原日本兵相比极为不利和不平等，然而到了 21 世纪的今天，依然没有得到解决。

"桦太的韩国人"是指战时从日本被迫搬迁到桦太居住、战后未能回归韩国的朝鲜人（韩国人）。1972 年，从议员受田新吉（民社党）提出的问题报告中，可以得知终战前被征用而居住在桦太的朝鲜人还剩下 10000 多人，其中 7000 人希望回到韩国，但是由于韩苏之间没有邦交，无法进行交涉。

政府（田中角荣内阁）在答辩书中承认，南桦太还是日本领土时，日本的朝鲜人被送到当地，直到现在还残留在桦太，没有撤回韩国或日本的机会，"作为人道问题真的让人同情不已"。

这些问题，"中国残留孤儿、台湾出身的原日本兵、苏联被扣留者、桦太等问题都还不至于令人头疼到必须由国民来共同承担的问题，而是超过忍耐限度的问题"，一直讨论至今（社会党议员川本敏美，1982 年 4 月 8 日众议院社会劳动委员会）。

桦太残留朝鲜人的悲剧

桦太残留的朝鲜人，有的是为了外出挣钱自愿搬到桦太，有的是由于日中战争到太平洋战争期间劳动力不足，受到官方的调整和征用等而被"强制掳掠"到桦太的。

问题在于他们由于和约丧失了日本国籍，"无国籍"地滞留在桦太，而由于韩苏之间没有邦交，实际上也无法返回韩国。日苏邦交正常化后有人凭借日本人妻子的丈夫或子女的身份回国，而大部分残留在桦太的朝鲜人，不得不留在异国他乡。

1975 年，"桦太残留者回归请求审判"开庭，直到 1989 年撤回前，一共举行了 60 多次口头辩护。辩护团主张，在他们能够回到韩国（恢复原状）前，只要"无国籍"的他们希望返回韩国，就应视作和日本国籍持有者同等地位让其返回，而且，他们作为"日本臣民"从曾是日本领土的朝鲜经由内地，又被"强制掳掠"

到曾是日本领土的桦太，因此日本政府应该负责使其返回（高木健一《萨哈林与日本的战后责任》）。

这个问题的焦点之一，是能否特例地赋予希望返日者日本国籍。政府的见解为，"由于和平条约而丧失日本国籍的人数众多，从法律条文上仅仅对桦太的残留朝鲜人采取特例很困难。而且，我们理解为在丧失日本国籍的同时可获得韩国国籍，韩国政府对此也未表示异议，不能断言说他们没有国籍"（1978 年 4 月 18 日参议院外务委员会）。

有关国籍的法律论证，为了再次确认之前日本政府的立场，外务大臣园田直表示，"朝鲜半岛出身的人，……在非自愿情况下失去国籍，正如所指出的那样是日本国政府的责任"，并保证会朝着"视作持有日本准国籍者"的方向来对待。

两大鸿沟——冷战与国籍

国籍问题与苏联的意向有很大关系，然而美苏对立和朝鲜半岛的分裂这一严峻的国际冷战的现实成为鸿沟。残留朝鲜人大部分都出生于朝鲜南部，希望返回韩国。然而，只有朝鲜和苏联有正式的邦交，韩国与苏联没有建交。

即使如此，园田仍然保证从事务上将其"视作持有日本准国籍的人来对待"，有关部门也开始研究讨论。如果把外国人作为持有"准国籍"者来援护的措施得以实现的话，作为战后处理的方法应该具有划时代的意义（高木前引书）。

然而，有关部门虽然进行了对话，却没有进展。受阻的主要原因是与苏联关系的恶化。1976 年，米格战斗机飞到函馆要求避难，日本将其引渡给美国一事成为导火索。在此期间，日本政府给 400 多人颁发了出国证明书，苏联却在准许出国问题上消极回应，主张此问题并非日苏之间的问题，而是与尚未缔结邦交的韩国之间的问题（韩苏邦交正常化是在 1990 年 9 月）。

于是，桦太的残留朝鲜人问题陷入僵局，在 1980 年代成为最困难的战后处理问题之一。后来，将其作为"日本的历史责任"而试图跨越党派解决的议员五十岚广三（社会党）于 1988 年底提议，"召集日苏韩的红十字会开会推进此事如何？"这时，作为人道援助活动已经采取了预算措施，韩苏之间的关系也得到改善，一小部分人得以返回韩国。

戈尔巴乔夫的"新思维"登场后峰回路转，1989 年五十岚的提议被采纳，日韩红十字会的共同活动团体成立，在公共资金的援助下开始了归国活动。1990 年代，为了应对韩国临时归国者的不断增多，日本政府也开始提供资金，问题暂且得到了解决（半谷史郎《萨哈林朝鲜人的苏联社会统合》）。

1989 年，在漫长的审判斗争中，唯一生存的一名原告事隔 46 年后得以返回韩国，诉讼被撤回。冷战的瓦解促进了问题的解决。然而，如果冷战仍然持续的话，真的能够决定将曾是"日本臣民"的外国人当作持有"准国籍"者来对待吗？这道鸿沟未免太深了。之所以这么说，是因为严格的国籍条件是从国内支持议和体制的要因之一。

第三部
世纪转折期——冷战、
1955年体制瓦解后

　　战后的日本，未能在新宪法下对过去的历史进行特定的解释。或者不如说，为国民多种解释的可能性以及自由历史认识的共存提供了保障。

　　那么，也就不存在由国家来做某种历史解释的政策。政府需要管理历史问题，避免其影响国内政治的稳定，或是不利于国际合作。从这个意义上说，实现了国家之间和解的议和体制是稳定管理历史问题的基础。直到 1980 年代，议和体制一直保持稳定，应该可以说掩盖了今后有可能发生的历史问题。

　　但是，到了 1990 年代，慰安妇问题等近邻各国提出的"战后补偿问题"纷纷涌现，虽然议和体制仍然是基础，却需要构筑新的"历史和解政策"。其背景既有从外部支持议和体制的冷战的结束，从内部支持的自民党统治的动荡，也有日本国际地位的上升等。这些要因加在一起，也动摇了议和体制的稳定性。

　　很多战后补偿问题，都是在东京审判和与亚洲各国交涉赔偿的过程中提出的。然而，长期的冷战与自民党统治阻止了问题的表面化，也就是说这些问题被封存了。

　　到了这个阶段，对待历史问题已经不再是谢罪或反省这类"用词"的问题了，而是需要包含具体"补偿"的"历史和解政策"。这也和日本作为经济大国应该如何承担国际责任这一课题密切相关。亚洲女性基金、和平友好交流计划、日中韩历史共同研究等，都是这些摸索的体现。

　　其中，要求亚洲女性基金协助的"呼吁文"明确提出，在"国民性补偿"的含义中，创造国家历史的不是政府，而是国民，并指出历史问题不再是国家和政府之间的问题，而是国民和市民的问题，这一点具有划时代的意义。慰安妇问题作为国际性的人权问题继续得到论证，然而靖国神社问题却无法在市民社会层面得出结论。

第七章

围绕"侵略战争"的攻防

——从"细川发言"到"村山谈话"

"细川发言"的意义——对"侵略战争"的肯定

1990 年代，以战后补偿问题的爆发和终战 50 年问题为背景，出现了围绕"侵略战争"评价"用词"的攻防战。而国会成为主要的战场。

导火线是 1993 年 8 月 10 日细川护熙首相在就任后立刻召开的记者会上的发言。他声称，"我认为先前的大战是侵略战争，是错误的战争"。在历代首相中，公开发言承认"先前的大战"的历史性质为"侵略战争"的，这是头一次。

"细川发言"之前，中曾根康弘在第一次组阁时，就 1982 年的教科书记述引起的外交问题，始终坚持了日本接受国际上判定为"侵略战争"这一事实的立场（参见本书第五章）。接下来，在 1985 年第二次组阁时，他声称"太平洋战争，也叫作大东亚战争，是不该发动的、错误的战争。……对中国也存在侵略的事实"，转向承认日中战争是"侵略"（1985 年 10 月 29 日众议院预算委员会）。

虽然中曾根的发言之后未被继承下去，却也没出现否定他的发言的情况。

"细川发言"明确地承认"先前的大战"整体是"侵略战

争"，与中曾根的发言意义不同。而且，日本政府的最高领导人对外公开发言，明确表示接受侵略战争这一观点，受到了外界的评价。之后直到今天，历代首相在公开发言中都不曾明确否认过细川发言，从这个意义上，"侵略战争观"得到了贯彻。

接着，细川又在 8 月 15 日召开的战亡者追悼仪式上表示，"我想借这个机会，再次向亚洲近邻各国为首的全世界所有的战争牺牲者以及遗族，跨越国境谨致以哀悼之意"。在他之后登台的参议院院长土井隆子也质问说，"由于我们的过错而付出惨重牺牲的亚洲人民，我们尚未和他们达成和解。……活着的人应该做些什么？再明白不过了"。

战亡者追悼仪式的追悼对象是死亡时持有"日本国籍"的战亡者。然而，行政、立法两大部门的首领表示要超越这些，承认战争的"过错"，对所有的战争牺牲者以及遗族表示"哀悼"之意，保证要为与"亚洲人民"达成和解而付出努力。日本遗族会对这两篇致辞立即表示抗议，可见其意义非同小可。可是，这些并未影响到"亚洲人民"，作为涉及亚洲及世界的战争牺牲者的发言，这是第一次，也是最后一次。

两大反论——战争的"多面性"

"细川发言"在国会内外掀起了涟漪。其中若要说代表了大多数困惑者的意见的，要数议员野中广务和议员石原慎太郎（均为自民党）两人的发言吧。

出生于 1925 年（大正 14 年）的野中表示，"关于总理的侵略战争发言，我作为一个经历过战争和战后的人，不禁要生气并提问"。他说：

> 我们这一代生下来就是要为战争而死的。我想请总理再读一遍《你听，海神的声音》这本书。那么多的优秀青年们都被一张一分五厘钱的明信片带到了战场上。这些人根本想不到，自己会和侵略战争扯上关系……

这些人的牺牲到底算什么？我想先弄清这个问题，来验证步入战争这条狰狞道路的历史。

（1993 年 10 月 6 日众议院预算委员会）

对此，细川只是简短地回答："正如我屡次重申，我国今日的和平与繁荣建立在上辈人尊贵的牺牲之上，我们必须以平常之心铭刻在心。"

石原则问道："都说是过去的战争，到底哪个战争和哪个战争是侵略战争呢？"

石原 我认为先前的太平洋战争也存在非常复杂的性质。第一，围绕在国际法上合法获得的支那大陆的权益，结果演变为日中之间的长期战争，至少给支那人民造成了很大的麻烦，这一点我也不否认。

第二，与日本同为殖民主义进入亚洲的列强，美国、英国、法国、荷兰等国家之间的矛盾也发展为战争。起因在于太平洋战争方面的袭击珍珠港事件。

第三，苏联背弃中立条约越境，侵略入境掳掠国民劳役，给日本造成了巨大的悲剧。这三个问题区别很大，请问都应该怀有歉意吗？

细川 时期或是地区，都不是我要说的。受到影响的是各国人。不光是亚洲人。难道没有必要对这些人坦诚地表达歉意吗？

（1993 年 10 月 5 日众议院预算委员会）

两名议员的共同之处在于，日中战争确实是侵略战争，也许需要谢罪，然而与英美荷的战争却未必如此。

就像野中总结的那样，"历史是多面性的。有责之人要学习历史，理解民众的心痛，懂得肩负国家的责任及其重要性"。石原也认为战争具有"多重的性质",不能漏掉战争的多面性。两名议员的发言也代表了众多战争经历者的心声。

从细川政权到羽田、村山政权

1993 年 8 月的"细川发言",并没有提及对战争和殖民统治要做出反省和谢罪的国会决议。但是,细川联合政权的另一方社会党从土井隆子担任委员长的 1988 年以来,多次要求国会对殖民地侵略和加害者身份做出反省及谢罪的决议,"细川发言"更使这些现实问题浮上了水面。继细川政权之后的羽田孜政权,虽然只持续了短短两个月,却在 1994 年 4 月组阁时,经国会决议后打算向国内外表达对第二次世界大战的反省和谢罪之意。

1994 年 6 月底,以社会党为核心的联合内阁村山富市政权成立,对战争和殖民统治需要有国会决议这一认识,已经超越了党派,成为一股不可逆转的政策潮流。

早在村山政权成立前,执政三党(社会党、自民党和先驱新党)之间已经就基本政策达成了一致。三党政策之一就是,"以战后 50 年为契机,反省过去的战争,积极地采纳表明维持未来和平的决议或是实施纪念活动等"。

然而,三党却各自有自己的观点。作为联合政权核心的社会党,优先考虑对殖民统治和侵略战争的反省和谢罪,自民党比起反省和谢罪,更倾向于优先"对和平的决心"。先驱新党虽然接受了侵略战争的观点,却反对社会党谢罪的主张。他们的理由是,"不了解过去的事实而谢罪","心口不一的谢罪只会侮辱对方,增加对日本的不信任感"(先驱新党《国会通信》第 5 号)。三党之间虽在政策上达成了一致,却由于各自主张的不同,在"不战决议"问题上的方向并不明确。

"谢罪决议"阻止运动

另外,村山政权上台,给自民党长期以来强大的拉选票集团日本遗族会带来了危机感。特别是在采纳谢罪决议的问题上，日本遗族会竭尽所能拉拢地方分支和自民党议员，开展了三方面的阻止战略。

第一，在地方决议中采取"反谢罪决议"的战略。他们抢先让尽可能多的地方议会采纳关于"追悼战亡者与永久和平之决心"的决议，认为从地方政界包围中央政界的战略更加有效。接受日本遗族会意向的决议，截至1995年3月共计达18个县议会，却未能超过全国都道府县的半数（拙著《朝向'历史和解'的路标》，1994年12月15日）。

第二，国政层面上的阻止战略活动。以推动靖国神社的国家管理和正式参拜的势力"报答英灵会"的议员为中心，自民党议员首先在1994年12月，成立了"终战50年国会议员联盟"（会长奥野诚亮），接着在1995年2月，新进党议员又成立了"传达正确历史国会议员联盟"（会长永野茂门）。前者在众参两院都有半数自民党议员参加，后者则聚集了新进党议员的3/4。

"终战50年国会议员联盟"在意向书中指出，今日的和平与繁荣"是建立在日本的自存自卫以及心系亚洲和平而奉献出宝贵生命的200余万战亡者的基石之上的"，没有什么再比向战亡者表示哀悼和感谢更重要的了（后藤乾一《日本东南亚占领及"解放史观"》）。活动方针规定，"国会的反省、谢罪和不战决议，意在纠正战后被歪曲的历史认识，绝不能容忍我国前程留下祸根"。

新进党在其核心的"传达正确历史国会议员联盟"意向书提出，日本对战争的赔偿和谢罪已经结束，"却仍然在此时期'谢罪'，是对先前大战中倒下的将士和战亡者努力和名誉的践踏，我们将被贴上惨无人性的民族而陷入万劫不复之地"，直接向国会决议通过谢罪一事提出了批评（同上）。

第三，与其他友好团体，特别是加濑俊一（原驻联合国大使）担任会长的"终战50周年国民（活动实施）委员会"采取共同行动。

这一民间团体以日本遗族会为首，是集结了保卫日本国民会议、乡友联盟、全国战友联合会等30个团体的较为松散的联合组织，开展了 500 万人签名运动、向国会请愿、街头示威游行以及举办演讲会等各类阻止活动。其中特别要提到反对非战决议的签名运动，到 1995 年 2 月为止，共收集到国会委员会 437 万多人的签名（《日本遗族通信》1995 年 7 月 15 日）。

1995 年 6 月 9 日的国会决议

阻止战略的实施过程中，执政三党结成了"终战 50 年决议项目小组"，1995 年 5 月底进入了最终决议文案的调整阶段。起初，社会党主张反省侵略行为和殖民统治，向亚洲各国谢罪并宣誓不战等内容，然而在文案的调整过程中不得不做出了几项重大让步。

一是将国会决议与补偿分离。社会党还是在野党时，曾主张应明确包含补偿措施在内的责任问题。例如，1991 年 12 月，党内主办了以"日本的战后责任与新的亚洲关系"为题的研讨会，要求政府在国会决议中承认对韩国、中国等的加害者责任，并积极回应个人受害者的补偿要求。可是，在成为执政党之后，社会党却不得不出于促进决议通过的目标将补偿和决议分离（《每日新闻》1995 年 6 月 2 日）。

顺便提一下，只有共产党要求在国会决议中明确写入补偿问题。共产党设想中的国会决议，应该是"承认以前的战争为侵略战争，将对战争受害者的补偿问题明确作为国家责任来应对"（1995 年 5 月 16 日众议院全体大会）。

社会党之前一直拒绝与日本遗族会对话，但 1995 年 3 月开始，两者之间开始陆陆续续地进行会谈。然而，日本遗族会认为国会的反省和谢罪决议践踏了遗族的意愿，违反国家利益，而社会党则主张，顾及亚洲各国的国际舆论与国家利益相一致，两者之间形成了两条平行线（《每日新闻》1995 年 4 月 11 日）。

最后的决议文案的调整过程虽然并不明确，不过可以看出来最大的争议点在于谢罪、反省的意向以及追悼、对和平的决心等表达方式上的平衡问题。

1995 年 6 月 9 日召开了众议院全体大会，国会通过的《吸取历史教训再次决心和平的决议》将"战亡者的追悼"写在最开头部分，满足了自民党的要求。另外，决议中却又指出进行殖民统治的并不仅只有日本一国。决议中写道，认识到"殖民统治和侵略性行为"给"亚洲各国的人民造成苦痛，谨表以深刻反省"，也勉强吻合了社会党的要求。

虽然有以上种种调整，502 名众议院议员中，缺席议员高达 241 名，251 名进行投票，其中 230 名表示赞同（14 名共产党议员投了反对票）而勉强得以通过。执政党也有 70 名议员缺席，其中 50 名自民党议员认为这种决议没有必要，14 名社会党议员对修改案表示反对。

在野党中势力最大的新进党议员有 141 名缺席。新进党反对在文案里加入谢罪和反省的用词（1995 年 6 月 16 日众议院全体大会上鸠山邦夫议员的发言）。

社会党副委员长、兼任战后 50 年问题项目小组委员长的上原康助指出，在事关政局的时期，"那时作为参议院的决议，这已经是到了极限了"，就连自民党本身也存在众多强硬派，根本没有指望参议院能够采纳（《口述历史亚洲女性基金》）。

"不战决议"的"分量"

围绕"不战决议"的攻守，一方面体现出政府从行政上始终贯彻"侵略战争"的立场，另一方面却也体现出从立法上无法统一的情况。

虽然也可以说在议院内阁制度下三权分立各尽其职，然而政府贯彻"侵略战争论"的极限，却不在于三权分立的制度中。与其说问题在于历史认识的多元性，倒不如说特定的历史观和战争观，与窥视着下一届政权的政党之间的政治斗争相结合，变成国内政治的一张"牌"，"不战决议"本身应有的分量反而变轻了。

先驱新党的厚生大臣井出正一从超越党派的立场说了以下这番话：

在冷战构造瓦解的同时，从某种意义上来说本应该在战争结束后马上好好解决的问题却一直冻结到了今天。……还是应该对过去的战争重新反省，为了今后日本能够走上在国际社会真正受到尊敬的道路，现在不正是重要的时期吗？

（1995 年 3 月 10 日众议院厚生委员会）

井出的话代表了对"不战决议"满怀期待的众多国民的良知。

"不战决议"的形成过程，体现出"历史和解"在国内的局限性。接受"侵略战争论"是对战亡者的亵渎这一遗族的认同与此息息相关，很难有妥协的余地。这也是"历史问题"之所以经常在国外爆发的根深蒂固的国内要因之一。

"村山谈话"——作为长期战略的立案

"不战决议"通过后两个月，即 1995 年 8 月 15 日，所谓"村山谈话"发表（战后 50 年讲话）。"不战决议"作为立法机构的问题得以立案，与此相比，"村山谈话"只是单纯作为行政机构（内阁）的问题立案，对外具有比"不战决议"更为重大的意义。

村山在讲话中表示，"我国在不久前的一段时期，国策发生错误，走上了战争的道路，使国民陷入生死存亡的危机，殖民统治和侵略给许多国家，特别是亚洲各国人民带来了巨大的伤害和痛苦。……在此再次表示深刻的反省和由衷的歉意"。

文稿由外务省综合外交政策局撰写，首相官邸对其做了调整。它并不是一时权宜之策，而是作为政权交替时应继承的长期战略而立案，经过阁僚会议决定的。"反省和谢罪""道歉"等词，自 1972 年日中共同声明以来一直都写入日中之间的正式公文，日本政府高官也经常在发言中使用。但是，这些用词让人感觉"过轻"，而村山谈话则重视了对外关系上用词的"分量"，这一点十分罕见（服部龙二《日中历史认识》）。

正因为村山谈话经过了阁僚会议的决议，与"细川发言"不同，对以后的内阁和首相发言起到了相当程度的约束作用。在"村山谈话"的一个星期前，文部大臣岛村宜伸曾声称"是否是侵略战争，是想法的问题"，后来道歉收回，不过此后，类似的发言至少从阁僚口中是听不到的了。

可是，"村山谈话"也未能使国内多元化的历史认识得到统一。其原因并不是在法律上没有约束力的缘故，而是在内容上没有得到充分的论证。例如，上面提到的村山谈话中的一段说，"在不久前的一段时期，国策发生错误……"是何时、在何种意义上出现"国策"错误的，"国策发生错误"与整个讲话中仅仅出现过一次的"殖民统治"又有什么关系，没有进行任何的解释。"村山谈话"缺少历史验证，在之后的国会上也受到各种角度的追究。

另一方面，"村山谈话"给近邻各国的政府造成了相当程度的影响。后面还会提到，它成为 1998 年日韩共同宣言文案制定的基础。

"村山谈话"的战争责任

前面提到，国会的"不战决议"，在侵略行为与殖民统治并不只有日本一国的前提下提到了反省和谢罪，"村山谈话"却直接表达出对日本的侵略和殖民统治行为反省并道歉。从这个意义上，也可以对从"不战决议"到"村山谈话"的过程所具有的意义做出评价。

那么，"村山谈话"是如何与"战争责任"这个问题相结合的呢？1995 年 3 月，在参议院预算委员会上，议员上田耕一郎（共产党）"从历史角度反省战争整体的性质"，就开战问题向村山提出了质疑。

对此，村山回答，"对于发生战争的经过有很多不同的看法，原因很复杂。要一概归结太难了。总体上我们过去的行为，给很多人造成了无法挽回的痛苦"（1995 年 3 月 2 日参议院预算委员会）。

从答辩中也可以看出，村山的"侵略战争论"与其说是对抱有侵略意图挑起战争并造成巨大伤害的谢罪和反省，不如说是对推行战争的结果造成的侵略行为的谢罪，也就是某种"结果责任论"。

在战后 50 周年的终战纪念日上（"村山谈话"）
（1995 年 8 月 15 日）

上次大战结束以后已过了 50 年的岁月。现在再次缅怀在那场战争中遇难的国内外许多人时，感慨万端。

战败后，日本从被战火烧光的情况开始，克服了许多困难，建立了今天的和平和繁荣。这是我们的自豪。每一个国民在这过程中倾注了才智，做出了不懈的努力。对此我谨表示由衷的敬意。对于美国以及世界各国直至今日所给予的支援和合作，再次深表谢意。另外，我国同亚太近邻各国、美国以及欧洲各国之间建立起了像今天这样的友好关系，对此我感到由衷的高兴。

今天，日本成为和平、富裕的国家，我们因此动辄忘掉这和平之尊贵与其来之不易。我们应该把战争的悲惨传给年轻一代，以免重演过去的错误。并且要同近邻各国人民携起手来，进一步巩固亚太地区乃至世界的和平，为此目的，特别重要的是，同这些国家之间建立基于深刻理解与相互信赖的关系。这是不可缺少的。日本政府本着这种想法，为支援有关近现代史上日本同近邻亚洲各国关系的历史研究，并为加速扩大同该地区各国的交流，正在展开以这两方面为支柱的和平友好交流事业。同时，关于我国政府现在致力解决的战后处理问题，为进一步加强我国和这些国家之间的信赖关系，继续要诚恳的处理。

正当战后 50 周年之际，我们应该铭记在心的是回顾过去，从中学习历史教训，展望未来，不要走错人类社会向和平繁荣的道路。

我国在不久前的一段时期，国策发生错误，走上了战争的道路，使国民陷入生死存亡的危机，殖民统治和侵略给许多国家，特别是亚洲各国人民带来了巨大的伤害和痛苦。为了避免未来有错误，我就谦虚地对待毫无疑问的这一历史事实，在此再次表示深刻的反省和由衷的歉意。同时谨向在这段历史中受到灾难的所有国内外人士表示沉痛的哀悼。

战败50周年的今天，我国应该立足于过去的深刻反省，排除自以为是的国家主义，作为负责任的国际社会成员促进国际协调，来推广和平的理念和民主主义。与此同时，非常重要的是，我国作为经历过原子弹轰炸的唯一国家，包括追求彻底销毁核武器以及加强核不扩散体制等在内，要积极推进国际裁军。我相信只有这样才能偿还过去的错误，也能安慰遇难者的灵魂。

古话说："杖莫如信"。在这值得纪念的时刻，我谨以下面这句话向国内外表明我的誓言：信义就是我施政的根本。

先不论村山的战争观，他一面对外公开表示"侵略战争论"，一面回避对作为国家补偿根据的战争责任进行判断，这是历代政府始终贯彻的立场。1990年代的战后补偿问题，逼迫着孕育了这一矛盾的日本政府做出决断。

第八章
从"口头"到"偿还"
—— 新"和解政策"的摸索

I 战后补偿问题的爆发

经济大国的责任

1990 年代前半期,针对作为"战后补偿问题"而爆发的历史问题,不再是谢罪或反省等"口头"表达的时代,而是摸索伴随具体"偿还"的"历史和解政策"的时代。同时,也与作为"经济大国"的日本如何承担国际责任的课题有密切关系。

"战后补偿"一词带有战争加害国对受害者个人进行"赔偿"的性质,相比法律上的救济,更具有从道义责任和人权方面救济的意义。因此,1990 年代提出的战后补偿问题,也许带有价值判断。这里有国家难以恰当处理的一面(中冈まり《日本的战后赔偿·补偿问题》)。

国家的补偿与责任不充分,被提交到国会的战后补偿问题形形色色,包括强行掳掠中国人、从军慰安妇、国外的原子弹受害者、苏联被扣留人员以及俘虏等。这些虽然不是新问题,却有不少刚被发现的更详细的事实。

例如,多达 4 万人的被强行掳掠的中国劳工问题,1946 年外务省调查 135 处工厂后曾留下报告书一事被曝光。宫泽喜一对此也回答，"属实的可能性很大。当时有很多中国人劳工从中国被带过来，陷入极为不幸的情况，这一点不容否认"（1993 年 6 月 7 日参议院预算委员会）。

1990 年代前半期的国会审议中，有人频繁提出日本与德国的战后补偿相比之下的不足之处。其中的典型事例，可以举出社会党泽藤礼次郎（社会党）与宫泽首相之间的对话如下。

泽藤 在给其他国土和民族造成重大危害这一点上完全相同，而德国的联邦救援法对军民一视同仁进行了战后处理。对犹太人甚至是新生的以色列国家也都采取了措施。还与 12 个国家缔结了针对纳粹牺牲者的补偿协定、包括协定等。补偿所需金额高达 7 兆日元。与此相比，日本光是嘴上说，还未见到补偿的实际行动。

宫泽 我们的前辈用各种形式，包括《旧金山和约》及与其相伴随的与各国之间的赔偿协定、日韩基本条约、日中邦交正常化的声明等，都是极其费劲才根据法律处理的问题……我国也费了很大的工夫才和对方国家一个一个地进行了法律处理，请您理解。

（1991 年 11 月 26 日众议院国际和平协力特别委员会）

宫泽的答辩不过是对政府之间和解的法律框架议和体制的确认。另外，宫泽又设置了私人咨询机构"思考 21 世纪亚洲太平洋和日本恳谈会"，委托其研究战后补偿问题。1992 年底恳谈会总结的报告书指出，对于日本将来与亚洲太平洋各地区建立关系，"对过去的认识"问题占有重要的位置。——之前的日本在赔偿问题上按照国际规矩诚实地予以应对，但是在个人受害者的问题上，由于人道的原因需要追加补偿的，则必须以之前处理上的法律一致性为前提进行应对，同时要理解亚洲太平洋地区人们心中的苦痛。

也就是说，如果不超越政府之间的外交上的处理层面，不诚实应对个人受害以及战后补偿这一课题的话，日本在亚洲太平洋的外交也无法取得进展。宫泽在国会答辩时屡次提及这份报告书，慰安妇问题的表面化也为这一问题的共同意识创造了契机。

1993年3月，议员岛袋宗康（无党派）提出，"这个时期（终战50年）不考虑将我国的战争责任向国内外做个明示吗？不打算把遗留的众多战后处理问题好好进行整理吗？"宫泽回答，虽然和约等法律义务已经履行完毕，然而"战争中我国的行为以及战争的结果特别是给亚洲地区的各国人民造成了无法忍受的灾难，我们应当坦诚地承认这些事实，并怀抱补偿的心情，忘记这些，我们今后是无法向前发展的"（1993年3月24日参议院预算委员会）。

总之，慰安妇问题无法从国家角度打开个人补偿的门户，围绕如何开辟"补偿"的方法，开始了对新和解政策的摸索。

首先，我们通过与慰安妇问题表面化同步开始的日朝邦交正常化交涉的相关问题，来确认一下作为法律和解框架的议和体制的局限性。

日朝交涉与请求权问题

经过1990年金丸信（原副首相、后为自民党副总裁）访朝和三党共同宣言（朝鲜劳动党、自民党、社会党），1991年，日朝邦交正常化交涉拉开了帷幕。

三党共同宣言明确表示，日本对统治朝鲜造成的受害与损失承担谢罪与补偿的义务。可是，日本政府却认为这是政党之间的意见，政府不受其约束。据和访朝团同行的自民党野中广务说，三党宣言并未通知美、中、韩三国而突然公布，美国暗示日本说朝鲜拥有核武器，并敦促日本拒绝支付赔偿（《老兵不死》）。

朝鲜自然不是和约的签署国，然而它与日本处于"事实上的交战状态"，因此要求战败的日本进行战争赔偿，并对殖民统治造成的民众损失与灾难进行补偿。对此日本政府则坚持，日本与韩国之间的和平条约等是合法的，日朝之间不存在战争状态，不承认以殖民统治的非法性为前提来解决问题的赔偿方式（1991 年 9 月 5 日参议院外务委员会）。

日本政府提出，日本人从朝鲜半岛撤退回国时，在朝鲜留下了大量的工厂和财产，均被朝鲜没收，应该按照和约的框架放弃请求权。这里就引申出了 1965 年的日韩请求权和经济合作协定。请求权协定中明确规定，日韩两国和两国国民的请求权问题已经得到"完全并最后"的解决，以及双方互相放弃请求权。

放弃请求权按照日韩请求权协定的解释，是指从协定签署日开始对韩国政府管辖之下的日本国民的财产及权利，韩国政府无论采取何种措施，日本政府也不得提出异议。不过，按照国际法的解释，这些只是外交上的处理（外交保护权的放弃）而已，不代表剥夺了个人向对方国家请求受害补偿的权利。因此，受害者个人可以向日本政府提出诉讼要求受害补偿，但是需要适用于日本的国内法（1991 年 12 月 5 日参议院国际和平协力特别委员会）。

顺便提一下，中国也将国家之间的战争赔偿区别于对人民的损害赔偿，前者按照日中共同声明已经放弃，后者则不然，1990 年代初期，中国人开始向中国政府要求与日本政府进行交涉（中国政府承认中国人可以向日本法院起诉要求个人赔偿是在 1995 年之后）。

再回到原题。总之日本政府在与朝鲜的邦交正常化交涉当中，也希望按照和约的法律框架来处理。然而，朝鲜越过这一框架，要求对殖民统治造成的人力、物力损失进行赔偿，仅仅是请求权问题上的交涉就举步维艰。

也不知道是幸运还是不幸，日朝交涉由于核武器开发问题而中断，但是，1990 年代前半期新的对外补偿问题爆发，对作为法律框架的议和体制形成了挑战。特别是慰安妇问题，作为韩国与朝鲜双方都密切相关的问题，需要制定新的和解政策。

慰安妇问题的爆发与河野讲话

国会对于慰安妇问题的讨论，在 1990 年 6 月，被问及强行掳掠慰安妇的事实时，政府委员（劳动省）回答，"进行调查并拿出结果，坦率地讲做不到"，由此引发了事端（6 月 6 日参议院预算委员会）。在对日韩、日朝的过去进行清算的问题一直被束之高阁的情况下，这是对议员本冈昭次（社会党）所提问题的回答。

韩国国内认为日本政府否定了国家的参与和调查，对此进行了激烈的批判，同年 10 月，韩国女性团体联合会等 37 个团体，向海部俊树首相提交了公开质问书，要求承认强行掳掠朝鲜妇女的事实，并公开谢罪、建立纪念碑、补偿生存者及其遗族、体现于历史教育之中等。

于是，在年底的参议院外务委员会（12 月 18 日）上，本冈列举出强行掳掠 151 万人、从军慰安妇达 7 万 ~ 8 万人的具体数字，要求政府对此进行调查。政府委员的答辩对调查持消极态度，刚刚结束与韩国总统卢泰愚会谈的海部却认为需要对过去的历史造成的问题做出决断，答应着手调查。

之后，国会也陆续涉及此类问题，1991 年底，3 名原韩国人慰安妇向东京法院起诉要求国家补偿。紧接着，1992 年 1 月，吉见义明（中央大学教授）指出，在日中战争爆发大约一年后，为了防止频繁发生强奸事件，华北方面军参谋长冈部直三郎下令通牒，要求"尽快整顿性慰安设施"，由此证明了军队的参与。此事推动了政府开始正式对有关资料进行调查。调查结果是公布了防卫厅防卫研究所图书馆收藏资料中的 117 份有关文件。

1993 年 8 月公布最后的调查结果时，官房长官河野洋平发言承认，"无论如何，本事件是在当时军方的参与下，给众多妇女的名誉和尊严造成了深深的伤害"，并表示，"我们不能回避这些历史事实，反而要将其作为历史教训而面对。我们再次表明要通过历史研究、历史教育来永远记住这些问题,并不再重蹈覆辙的坚定决心"。1997 年以后,慰安妇的记述开始出现在历史教科书中,河野的这次讲话便是有力的依据。

另外,河野在讲话中表示要研究"道歉与反省的心情""我国将如何表现"这一问题,具体的实施则被委托给 1994 年 6 月成立的村山内阁。

"和平友好交流计划"与亚洲历史资料中心

1994 年 8 月,村山首相在结束了对韩国和东南亚的访问后,公布了为促进日本国民与亚洲各国人民"相互理解与相互信赖"的"和平友好交流计划"。交流计划由两大支柱组成,一是为"正视历史"的历史研究援助项目,二是开展知识交流和青少年交流项目。前者的主要项目中包括建立"亚洲历史资料中心",还提到整体上要在 10 年内达到相当于 1000 亿日元的项目规模。另外,还承诺要努力解决三大战后补偿问题。

第一,关于慰安妇问题,为了让国民共有"反省与道歉之情"而探索"广大国民参与之路";第二,对上述(参见本书第六章)的桦太被扣朝鲜人的永驻归国问题进行援助;第三,解决台湾居民的未支付薪酬、军事邮政储蓄等确定的债务问题。对遗留的、已发掘的战后补偿问题,总算是走出了摸索具体"补偿"方法的第一步。

就这样,慰安妇问题被定位为具体的"补偿"项目之一,首先,我想先谈谈"和平友好交流计划"法宝之一的"亚洲历史资料中心"(以下称为中心)的成立始末。

中心成立的"有识者会议"于 1994 年 11 月启动。石川忠雄(前庆应义塾长)担任委员长,细谷千博(国际大学教授)担任副委员长,下有石井米雄(上智大学教授、后任首届中心主任)等15 名委员。官房长官五十岚广三在项目启动时发表讲话,表示日本开始冷静地对待近现代史上"光"与"影"的部分,希望通过本项目向国内外显示"诚实面对历史的我国的姿态",从中可以体会到政府的意向。

半年后的 1995 年 6 月，有识者会议建议，中心的基本性质是收集并提供 20 世纪前半期亚洲太平洋地区日本（人）的活动资料和信息，其职能是成为这些地区相关设施的核心，并期待将来能成为对国内外发出资料与信息的源泉地。

但是，从这次提议后直到中心成立，花费了将近 6 年的时间。其原因之一在于它并不是来自某个特定部门自上而下的构想，尚未确定由哪个部门来管辖。另一个原因是村山内阁的下台。1996 年 1 月成立的桥本龙太郎内阁在新的"三党政策意见"中虽然再次确认了包括设置中心在内的和平友好交流计划的推进，但同年 10 月内阁重组后却大幅度倒退。1998 年 5 月，社民党（旧社会党）的阁外协助消失后，中心的构想更是变得遥远了。

跨越战后处理问题

然而，中心的构想并未由此而消失。内阁外政审议室于 1996 年 6 月成立了设立研究小组，第二年，总理府（后为内阁府）参与的项目小组开始正式启动。日本国际交流中心在研究过程中发挥了巨大的作用。

日本国际交流中心针对亚洲历史资料中心的职能和体系，从 1997 年度开始每年都提交报告书。起初，重心放在文献、资料的收集以及具备调查研究功能的综合性"箱子"（史料馆）的建设上。笔者也曾作为该中心所属的资料调查专门委员会的委员之一对资料的收藏情况进行调查。但是，很快就由于 IT 技术的飞跃性进步，转变为用电子信息的形式来储蓄历史资料，并通过互联网向广大用户提供。

这一方向转变之所以得以实现，有受到 IT 革命推动的一面，但并不完全是这个原因。就像板垣雄三（东京经济大学）在《朝日新闻》（1996 年 12 月 18 日）上建议的那样，中心工作"并非消极战后处理项目，而是面向新时代的国家项目"，作为"面向未来跨越过去的企划"受到有关人士的瞩目。首届中心主任石井米雄的坚定信念——"即使无法实现共同的历史认识，却可以共享历史资料"——也是推动它前进的力量。

而且，由于项目并非为展示，而是集中于历史资料的整理，也没有出现像后面要提到的和平祈念馆（昭和馆）那样由于历史观的对立而上下浮沉的现象。

可是，此时存在的问题不在于成立中心这件事，而是作为其前提的国内各种条件尚不具备。有识者会议的答辩中就中心职能的发挥问题，提出了唤起国民对待历史记录的意识、整顿公开公文资料的相关法律、培养史料专员及确立他们的地位、各部委的合作等四点要求，这些都是关系到项目能否成功的基础条件，都是作为中心成立的一部分需要改革的国内措施。

例如，在联合国教科文组织中，日本是仅有的几个没有公文书馆法的国家之一。直到 1987 年，才终于在议员立法下制定了公文书馆法。

公开公文资料的法律整顿虽然落后一步，幸亏在阁僚会议通过成立中心的 1999 年，制定了情报公开法，并恰好在中心开放的 2001 年开始实施。各部委之间围绕中心运营主体展开拉锯战，最后由阁僚会议决定纳入内阁府管辖下的国立公文书馆。中心当时的任务是将保存历史性公文资料的主要三馆（国立公文书馆、防卫省防卫研究所图书馆、外务省外交史料馆）收藏的公文资料进行电子化并逐步将其在互联网上公开，作为日本引以为豪的数字档案化实现了进一步扩充。

2011 年的计划是，两年后实现从明治初期到终战期间的亚洲有关公文资料以及约 3000 万张图片的全部公开。在此期间，由于中心的种种努力，学者的使用得到很大推进，问题在于如何活用于近邻亚洲各国的普及以及历史教育中。而且，2011 年实施的公文书管理法对战后的历史公文资料的公开起到了巨大的作用。

亚洲女性基金的成立

如前所述，1994 年 8 月底，村山首相在有关"和平友好交流计划"的讲话中明确表示，要针对慰安妇问题探讨"广大国民的参与之路"。于是，执政三党设立了作为"执政党战后 50 年问题项目"之一的"从军慰安妇问题等小委员会"（委员长自民党议员武部勤）。

政府部门内，官房长官五十岚和财务大臣武村正义都希望创设由政府和国民共同参加的基金来实现个人补偿。而内阁外政审议室室长谷野作太郎等人却坚持，请求权问题已经在和平条约中得到解决，国家无法对个人进行补偿，除非立法，否则不能实施国家补偿。小委员会也出现了主张个人补偿方案的社会党委员与表示反对的自民党委员之间的对立。五十岚与谷野达成妥协，自民党和社会党也各自让步，1994 年 12 月，小委员会提出了"第一次报告"（和田春树《亚洲女性基金的成立与活动》）。

"第一次报告"首先否认了国家补偿的立场，表示"作为我国，必须从道义的立场上承担责任"，再次提出了广大国民参与的"基金"方案，但政府也要为"基金"的资金来源提供尽可能的协助。

1995 年春，五十岚和谷野等人开始物色"带头人"。和五十岚一同研究桦太残留朝鲜人归国问题的大沼保昭（东大教授）、和田春树（同上）等人进行协助，召集了三木睦子（原首相三木武夫的妻子）、赤松良子（原文部大臣）、下村满子（记者）、须之部量三（原驻韩大使）等 16 名人士。然而，"财界人士反对慰安妇问题，无一人响应"（同上）。

政府收到"第一次报告"后，于 1995 年 7 月成立了财团法人"女性亚洲和平国民基金"（以下称亚洲女性基金），归内阁府管辖。形式上虽然是半官半民，实际上却是"实施政府政策，由政府预算运营的单位"（同上）。其工作内容的构想是为了"国民性的补偿"，募集国民捐款和支付补偿金、医疗与福利援助，以及作为国家对原慰安妇表明反省与道歉等。最初，政府的方针是仅由国库提供事务经费，后来经过内阁外政审议室的研究和自治劳等的要求，医疗和福利援助也被列入范围之内。

1995年8月15日，全国六大报纸在早报上刊登了一整版的基金"呼吁书"和村山首相的"致辞"，活动正式开始。募集金额截至1995年底超过1.3亿日元，第二年6月达到了4亿日元。其中几乎没有来自企业的募捐，绝大部分是政府部门的单位捐款和个人的募捐。

四大"国民补偿"项目

"国民性补偿"项目由四大支柱组成。第一是对原慰安妇支付"补偿金"。对菲律宾、韩国和中国台湾的原慰安妇，每人支付200万日元，共计285人获得补偿。第二是首相的信件。交到原慰安妇手中的首相信里写道，作为"日本国内阁总理大臣"，对"身心均受到难以愈合的伤害的所有人表示由衷的道歉和反省"，明确表达出政府的谢罪。

第三是医疗和福利援助项目，日本政府承认道义上的责任，为了承担责任，对牺牲者在5年期间提供总额8.3亿日元的政府资金进行援助。考虑到物价水平，韩国、台湾和荷兰等地每人约提供300万日元，菲律宾提供120万日元，用于改善住房和养老服务等。

第四是"历史教训"方面的工作，包括整理慰安妇相关资料的书籍杂志、政府收集的慰安妇相关资料影印本的出版发行（《政府调查"从军慰安妇"相关资料集成》，共5卷），还有资料委员会对内外资料的调查等（《"慰安妇"问题调查报告·1999》出版发行）。

在第一项和第二项工作上，韩国、中国台湾已经由当地政府和民间团体进行认定，并实施了生活支援。亚洲女性基金是在此基础上开展活动的，称不上一帆风顺。例如，韩国政府起初是欢迎亚洲女性基金成立的，不久就转为批评态度。支援受害者的NGO组织（韩国挺身队问题对策协议会）连同媒体展开了激烈的反对运动，造成了影响（《"慰安妇"问题与亚洲女性基金》）。亚洲女性基金通过对话小组与受害者面谈，反复努力进行解释，却未能得到理解。

于是，亚洲女性基金暂时中止，1998 年又重新开始活动。但是，同年金大中就任总统，韩国政府决定不向日本政府要求国家补偿，取而代之的方针是向发誓拒绝基金 "补偿金" 的受害者支付相当程度的生活补助金。

亚洲女性基金向金总统解释，"补偿金" 与生活补助金性质不同，两者可以同时存在，但韩国政府仍未能改变态度。1999 年，亚洲女性基金决定停止 "补偿金" 项目，转为集团性的医疗服务，也未能得到韩国方面的协助。

另外，印度尼西亚政府表示，需要保护原慰安妇及其家属的尊严，认定上存在困难，而且日本与印度尼西亚的和平条约也已经解决了请求权的问题，因此希望日本不是提供 "补偿金"，而是通过印度尼西亚社会省支援高龄者福利设施项目，亚洲女性基金也接受了这一提议。

台湾的情况也和韩国差不多，虽然遭到了中介团体的拒绝，但由于 "立法院" 委员说服政府，得以完成了一部分的支付。菲律宾和荷兰虽然也分别遭到了要求国家补偿的团体的反抗，但 "补偿金" 的支付进展还算顺利。其中荷兰的情况是，1942 年日军占领印度尼西亚时，日军相关人员将被扣留在收容所的荷兰妇女带到慰安所，强迫其为将士提供性服务。该事件中的日军相关人员作为 B、C 级战犯受到了审判。荷兰作为和约的签署国放弃了请求权，虽然其中有种种复杂情况，但最后决定对 79 人提供医疗和福利援助。

围绕 "国民基金" 的争议

慰安妇的征集是否是在官宪的强制下进行的这一点，之所以成为争议的焦点，是因为如果情况是肯定的，就能成为 "国家补偿" 的有力依据。笔者作为资料调查委员会的一员对相关资料进行了收集和分析，未能发现能够证明官宪直接参与慰安妇征集的文件资料。

不过，1993 年的"河野讲话"曾经指出，慰安妇的征集是"由业者受到军队委托而实施的。……也明确了官宪直接参与了此事"。

接着，讲话还指出，"其募集、移送、管理等都在劝诱和强迫下进行，一概违反了本人的意愿"，有意无意地指出在征集阶段官宪也直接参与了的事实。从文件资料上无法确认的这一断言，其根据也许是官邸直接向韩国派遣调查小组，通过有关团体从受害者听取调查的结果（1993 年 6 月 7 日参议院预算委员会上谷野作太郎政府委员的答辩）。

总之，军方挑选出民间业主（楼主）经营慰安设施，在实行监督指导的同时，在输送和慰安妇体检等方面通过提供方便的形式进行了参与，这是不争的事实。如果明确了国家的参与，那么就可能选择国家补偿的方式。因此，在"国民基金"这一补偿的应有方式上，国内外舆论分成了两派。说到底不过是从要求国家补偿的立场，批评亚洲女性基金项目这种回避国家责任的措施。

联合国人权委员会和国内外的法律团体比起从道义责任上，更倾向于从国际人道法上的犯罪这一角度开展要求国家承担责任和国家赔偿的运动。例如，被联合国人权委员会任命为"关于对女性暴力的特别报告人"的库马拉斯瓦米于 1996 年 1 月，作为向人权委员会提交的报告书的附录，提交了对日本、韩国和朝鲜等国的访问报告书。报告书将亚洲女性基金作为日本政府承认道义责任的"出发点"而给予评价，认定慰安妇的存在是"军事的性奴隶制度"，是违反国际法的，要求进行个人赔偿、正式道歉、公开有关资料和处罚相关人员等。

这份库马拉斯瓦米报告立即被提交到国会，议员吉川春子（共产党）指出，倘若不接受劝告，在联合国提出异议的话，将会与国际舆论为敌。然而，政府表示反对，认为报告仅根据了单方面的资料和文献记述，桥本首相也立即表示不可能接受（1996 年 2 月 16 日参议院预算委员会）。实际上，附录依据的资料和文献、采访内容都相当不严谨（秦郁彦《库马拉斯瓦米报告与慰安妇问题》）。

总之，政府未能采取明确的国家补偿的立场。要想实现国家补偿（国库支出），需要对慰安妇进行严格的"认定"工作，更不用说水俣病和原子弹受害者的例子了，都要花费无法估量的时间和费用。除了这些技术性问题，它还可能破坏西伯利亚被扣留者和战争受灾者等补偿不够的受害者之间的平衡，再加上走上个人补偿道路，很有可能越出议和体制的法律框架。

1996 年 10 月，基金理事长原文兵卫发表了"关于亚洲女性基金项目的政府法律立场"，提出补偿金归根到底不过是"承担道义上的责任"，"与法律问题性质不同，领取补偿金这件事，个人向日本法院提起诉讼时，并不妨碍法院进行判断"。

这段话是针对韩国和台湾的受害人，公开表明领取"补偿金"并不妨碍个人请求权。

从政府的立场，正如外务大臣河野洋平所言，"不是国与国之间的关系，也不是个人补偿的意思"，是为了摸索某些"能回报慰安妇们的苦痛的方法"，其结果就是国民基金，在现有的法律框架下，是可能采取的最好的措施了（1995 年 3 月 16 日众议院外务委员会）。

Ⅱ　2007 年的最高法院判决
——个人补偿的否定

日本版"记忆·责任·未来"财团的构想

然而，三党达成一致的"战后 50 年问题项目"针对的战后补偿问题，并不仅是慰安妇问题。据委员长上原康助说，最初是对被爆者援护法（原爆二法）的修改，"明确国家对被爆者的责任，更加优待"。"国家责任"不是指在承认长期以来被爆者团体要求的战争责任之上进行国家补偿，而是着重于援护政策的强化。即便如此，在明确废除核武器以及撤销收入限制等方面取得了进步，1994

年成立了新的援护法。

此外，桦太残留韩国人问题（参见本书第六章）、冲绳的疟疾牺牲者问题（战时被强制移送到八重山地区、死于疟疾的 3000 人的补偿问题）、中国遗弃化学武器的处理（陆续实施调查和处理）等也是讨论对象。

社会党主张，包括慰安妇问题在内，如今三党联合执政的时期正应作为"不托付于官僚裁量而是进行政治判断的课题"，以推动三党项目中的讨论，并分别提示了解决的途径。上原作为冲绳出生的议员，特别强调对疟疾牺牲者的补偿和责任追究，不过他却预见到联合政权的走向而调整顺序，决定先进行建设纪念碑和提供慰问金等慰藉工作（前引《口述历史　亚洲女性基金》）。

前首相村山在"战后 50 年问题项目"的活动基础上，对亚洲女性基金的活动做了如下回忆：

> 我唯一觉得遗憾的是，德国为了进行所有"补偿"，政府和企业共同负担成立了基金。日本也同样，不光是"慰安妇"的问题，应该建立包括强制劳动和各种问题的综合"赔偿"框架。实际上也讨论过这些问题，却遭到激烈反对，最后仅集中到"慰安妇"问题上。我觉得应该更大力度地推进。
>
> （岸俊光《日本眼中的德国举措》）

村山提到的德国政府与企业共同负担的基金，是指 2002 年成立于亚洲女性基金之后的"记忆·责任·未来"财团，适用于德国联邦补偿法未能救济的纳粹强制劳动受害者等。

村山的构想中不仅包括慰安妇问题，还有个人补偿的整体框架。不过，"记忆·责任·未来"财团虽然向 100 个国家的 170 余万受害者提供了补偿，补偿金额却很少，而且一旦接受了财团的补偿，按照财团设立法的规定就不能再次起诉。这一点和亚洲女性基金有根本的不同。如前所述，原理事长曾公开表明，领取"补偿金"并不影响向日本法院提出诉讼的权利。

那么克服这些困难，建立日本版的"记忆·责任·未来"财团有无可能呢？无论如何，在日本政府一贯坚持的基于和约等国家不负有个人补偿的法律义务这一"国家无答责"的法理的前提下，提供政府资金是不可能的。虽然有人认为，亚洲女性基金的医疗、福利援助来自国库，即意味着"国家补偿"，然而这些源于对发展中国家的人道援助这一 ODA（政府开发援助）的构想，并不等同于个人补偿的构想（前引《口述历史　亚洲女性基金》）。

德国的"记忆·责任·未来"财团成立的基础，在于德国联邦基本法第一条标榜的"人类尊严不可侵性"的，两国构想之所以不同的原因就在于此。

市民社会层面的"历史问题"

东良信身为内阁外政审议室的审议官，为亚洲女性基金的成立耗尽了心血，他指出，"亚洲女性基金是前所未有的新的运动团体"。东在总理府负责战后处理问题，目睹了在日内瓦的国际机构中，北欧和加拿大的 NGO 和运动团体为人权问题与政府机构平等抗争的实情。

东认为，要想在现存的法律体制下实现"补偿"事业，就要像他在日内瓦经历的那样，必须要有与政府协调、合作并承担工作的团体。然而，没有一家能够承担的团体，最后只能自行成立新的团体，那就是亚洲女性基金（同上）。

从这个角度，东把亚洲女性基金视作"新民主主义"的应有体现。政府部门内有这种观点当然值得刮目相看，而基金内外也出现了对这种领先于现实的"新的公共性"旗手的正面评价。

虽然活动并不顺利，然而存在这些积极的评价应该是来自集结在这篇"呼吁书"下的人们的热情。虽说其中呼吁广泛筹集资金，但是，在"国民性补偿"的含义当中，透露出的信息是创造国家历史的不是政府，而是国民。

"从军慰安妇"问题源自过去的日本。但是，日本这个国家绝不仅是政府的，而是要由每个国民继承过去，活在当代，开创未来。我们相信，在战后50年这一时期实现国民性的补偿，是活在当代的我们本身对牺牲的人们、对国际社会以及对下一代的责任。

慰安妇问题推动了市民社会层面对历史问题的验证，但同时也出现了逆向的动态。之前官房长官河野的讲话，承诺要将慰安妇问题反映在历史教育中，于是1997年版的所有中学历史教科书中都有关于慰安妇的记载，对此表示抗议的市民团体结成了"新历史教科书制定会"。关于它的活动将在下一章叙述，这里先来考察一下前者的动态。

慰安妇问题受到热议期间，形成了很多致力于战后补偿问题的市民团体。特别是1997年11月成立的"实现战争受害调查会法之市民会议"，带动了民主党和社会党一起推动了1999年超党派议员立法《恒久和平调查会设置法案》提交到众议院。

该法案明确规定将强制劳动、化学武器、非人道行为等所谓"战争犯罪"列为调查对象，其目的在于"明确我国参与造成的惨祸的实情"。民主党将其列入党纲，在2006年之前四度提交众议院，却都未能经过审议。其原因在于"战争犯罪调查"的结果会引起超出亚洲女性基金的国家责任与国家补偿，可能会导致大幅脱离议和体制。这里体现出了市民社会层面历史验证的一个局限性。

在此期间，中国等国家不断提出诉讼，要求解决强制劳动、韩国人原子弹受害者以及对BC级战犯、军属和服役者未支付薪酬等战后补偿的有关问题。这些审判大多都以原告方的败诉告终，但是下一级审判的判断却未必一致，案件的数量也急剧增加。

最高法院的"旧金山和约框架论"

2007年4月，最高法院对两件战后补偿案做出了引人注目的判决。一件是原中国劳工在战争末期被强制劳动，要求雇主西松建设（当时为西松组）赔偿损失（"强行掳掠中国人·西松建设审判"）。另一件是两名中国妇女在战争时期被日军多次强奸、施暴患上了后遗症，要求国家赔偿损失并公开道歉（"中国人'慰安妇'审判"）。后者属于中国慰安妇问题，原本应该是亚洲女性基金的对象，却由于很难把握实际情况而无从入手。

在这两件事上，最高法院均承认了强制劳动和性暴力的事实，提及受害人在肉体上和精神上遭受了巨大的创伤，最终却对个人的赔偿请求不予承认。不过，这里应该注意的是判决书中展开的"旧金山和约框架论"。

判决书指出，《旧金山和约》"规定了日本国战后处理的框架，即具体的战争赔偿应与各盟国之间个别决定"，由此判断，"与和平条约的当事国之外的国家和地区之间缔结和平条约来进行战后处理，也应该在框架之内"。

也就是说，作为"战后处理框架"的和约，也规定了与菲律宾、缅甸、泰国、印度尼西亚、马来西亚等国间的赔偿协定和和平条约等，按照相互放弃包括个人请求权在内的在战争推行过程中产生的所有请求权这一和约的基本思想来签署。别说不是和约的当事国，就连与反对和约的苏联和中国之间的共同宣言和共同声明也包含在内，可以说具有极大的包容性，从法律上确认了本书所说的"议和体制"这一概念。

2007 年 4 月最高法院判决的意义

问题在于上述两起诉讼的原告是中华人民共和国的国民。和约的签署国是当时在台湾的"中华民国政府"，而不是中华人民共和国政府。

如前所述，大陆的中华人民共和国政府和台湾当局均未获邀参加和约的签署，日本按照美国的意愿，于 1952 年和台湾当局签署了"日华和平条约"，视作与"中国"恢复了邦交。然而，随着

1972 年实现了与中华人民共和国的邦交正常化，并签署了日中共同声明，"日华和平条约"也就无效了。

争议的焦点之一是，"中华民国政府"的统治没有包含大陆中国，规定放弃请求权的"日华和平条约"（第 11 条）对中国大陆的居民有没有效力。最高法院驳回了国家的意见，认为虽不排除将来的可能性，总之不适用于目前居住在中国大陆的中国国民。因此，判决认为，包含互相放弃请求权的和约规定了有关日本战后处理的基本框架，同样适用于日中共同声明，因此应当视作日中之间也相互放弃了个人请求权。

另一个焦点是日中共同声明中第 5 项中，中国"放弃对日本国战争赔偿的请求"这一表达方式，放弃对象的"请求"主体不明确，是否包括中国国民的个人请求权，还是设想到请求权的处理问题等，都很不明确。

然而，判决认为，基于邦交正常化交涉的记录以及相关人员的回忆录等交涉背景，日中共同声明"具有和平条约的实质"，不能理解为因为没有明确表示"请求"主体中的个人，就采取"区别于和平条约框架的措施"。

日中共同声明第 5 项也放弃了个人请求权这一判断，可以说是颠覆了战后补偿的一般看法（川岛真《"日中历史共同研究"的三种相位》）。

对最高法院做出的判决，中国外交部立即表示抗议，认为"解释是不合法的、无效的"。中国抗议的第一点是，中国不是和约的当事国，本来就反对议和，不能用和约的框架来解释共同声明；第二点是，共同声明第 5 项中放弃的主体是中国政府，不包含个人请求权。这些内容在日本有关法学家中间也不断被重复（《法律时报》第 994、995 号）。

估计这次判决是在已经猜想到了这些抗议并预见到尚未实现的日苏、日朝和平条约的情况下，才得以展开的。特别是在个人请求权的问题上，用概括性的解释从法律角度支撑摇摆不定的政府立场，同时，还将中国、苏联等从法律上处于议和体制之外的国家卷入其中。

除了企业和国家自发性处理的问题外，倘若原受害国的国民行使请求权，正如前述"将造成无法预测的过重负担，产生混乱"，不断增加的战后补偿审判将给议和体制下构筑的国内外秩序带来动荡，而这一点也难免让人担忧。

最高法院的判决，意味着堵死了受害国的国民寻求补偿而上诉日本法院的道路。已经过去 60 年之久的历史问题在法律判断上存在局限性，因此而被阻止再次出现在司法场所。可以说，问题被推到了政府和国民的身上。

菅首相讲话——殖民统治的"补偿"

2010 年是日本吞并朝鲜 100 周年，菅直人发表讲话，声称"对殖民统治造成的巨大损失和苦痛，在此再次表明深切的反省和由衷的道歉"。虽说是"村山谈话"的延伸，但是在明确指出殖民统治"违背了当时朝鲜人民的意愿"而具有强制性这一点上，有新的意义。

在此之前，韩国政府对合并条约持有"从缔结当时起，从法律源头上就是无效的"这一立场，日本政府则认为"在道义上虽有不当"，缔结时在国际法上却是有效的，持"韩国政府成立后失去效力"的立场。菅首相虽然还不至于承认它的违法性，却相当程度地偏向了韩国政府的说法。他还指出，"施加痛苦的一方容易忘记，被施加的一方却不能轻易忘记"，在顾虑韩国国民的心情上，可以说进行了创新。

作为反省与道歉的实际行动，菅首相表明要把经由朝鲜总督府、现由日本政府保管的来自朝鲜半岛的珍贵书籍《朝鲜王室仪轨》"交给"韩国。他特意使用了"交给"一词，正如韩国政府有关人员推测的，"返还"一词需要经过政府间的协商和国会的批准（金凤珍《反日与日韩的历史和解》），唯恐"返还"抢来的珍贵书籍的行为将涉及殖民统治的法律责任。

　　这是不是意味着殖民地统治"补偿"的摸索终于拉开了序幕呢？然而，在看待迟早会成为外交问题的日朝交涉时，要想超越归根结底是用于清算战争行为的框架下的议和体制的鸿沟、承担殖民统治的责任依旧任重而道远。

第九章
与中韩的历史共同研究
—— 究竟有何不同

日韩共同宣言与"村山谈话"

1990 年代的日韩关系，以韩国的"政治民主化"进展为背景，特别是金大中政权促进了对日本社会的关注，与此对应的是各个领域的交流扩大，加深了相互的依赖关系，其紧密程度被评价为"成为防止两国关系倒退的安全装置"（吴荣焕《迎来新局面的韩日关系》）。

在这种形势下，1998 年 10 月金大中访日，与小渊首相会谈并发表了共同宣言（《面向 21 世纪的新日韩伙伴关系》）。小渊在宣言中表示，"殖民统治给韩国国民造成了巨大的损失和苦痛，我们要谦虚地接受这一历史事实，并对此深刻反省和由衷道歉"。

另一方面，金大中总统则真诚地接受了首相表明的历史认识，在对此做出评价的同时，还表示，"时代要求两国跨越过去的不幸历史，在和解与善邻友好合作的基础上为了发展面向未来的关系而努力"。

这份日韩共同宣言文案的草拟有一个过程。在 7 月召开的日韩外务次官协议会上，韩国的宣晙英次官提议为历史问题打上休止符，柳井俊二次官也表示赞同，在决定两国政府今后都不在政府层面提起此事的方针下，致力于文案的草拟。文案由"面向21世纪的日韩伙伴关系"与"清算过去"这两大支柱构成，在后一问题上，日本方面依据的是"村山谈话"。

参与文案制作的内阁外政审议室室长登诚一郎透露，9月底日方提交最终方案时，韩方要求在文中加入"侵略"一词。日方回应说，如果是"殖民统治"的话，首相可以负责说服国民，可是对"侵略"的事实国内尚有异议，希望对方理解。韩方又要求将"村山谈话"中的"国策发生了错误"也写进去，日方则以"国策发生了错误"是针对日本国民为由表示拒绝（《日韩共同宣言的舞台背后》，《朝日新闻》1998年10月20日）。

从围绕文案的交涉中可以看出，"村山谈话"针对韩国的内容，其意思并非"侵略"，而是"殖民统治"；"国策发生了错误"则是针对国内。

总之，金大中总统也重视构筑"面向未来的关系"，明确表示政府层面不再提出历史问题，因此，政府之间的问题似乎得到了解决。

同时，共同宣言中有这么一句话："两国首脑对在两国国民特别是青年一代加深历史认识尤为重要这一点上达成了共识，因此强调要多付出关心和努力。"这里体现出的意思是，不把历史问题当作政府之间的问题，要以"青年一代"为中心，不是作为过去的问题，而是作为关系到未来的问题，积极地予以应对。换言之，共同宣言并不是历史问题的最终结束，而是以"市民"和"市民社会"为中心的和解过程宣告开幕（李钟元《朝鲜半岛与日本——迈向历史和解的成熟》）。

从一旁冷眼观察日韩首脑会议的郑大钧（东京都立大学助教）在《东京新闻》上，发表了题为《日韩关系真的改变了吗》的文章（1998年10月20日），文章写道：

　　为了通过这次的首脑会谈实现对日外交的变化，韩国方面必须努力改变对日本习以为常的不信任和蔑视，但这一点没有任何保障。……对日本的不信任和蔑视受到社会制度的支持，这种状况一直持续到今天，只要不改变，那么反日和亲日的钟摆运动今后也将持续，这么想比较妥当。

果然不出所料，"钟摆运动"持续发生，2001 年再次发生了历史教科书问题。

无署名的日中共同宣言

日韩共同宣言过后一个月的 1998 年 11 月，江泽民主席访日，和小渊首相会谈后发表了继日中共同声明、日中和平友好条约之后的第三份文件，即"面向未来""为了和平发展的友好合作伙伴关系"的日中共同宣言。对历史问题，宣言记述为"由于过去一段时期对中国的侵略，痛感对中国国民造成巨大灾难和损失的责任，对此表示深刻反省"。

"侵略"一词首次出现在外交文书中，据说是年初时为了访日准备而召开的次官级协议决定的。中国方面也评价"村山谈话"取得了一定的进步。由于日韩共同宣言中用了"深切的反省与由衷的道歉"一文，江泽民直到访日前也主张在文章中加入"道歉"一词。然而，日中共同宣言中却未出现"谢罪"或"道歉"的字眼，怀抱强烈不满访日的江泽民拒绝在共同宣言上署名。当然，小渊也没有署名，造成了无署名的共同宣言这一异常事态（家近亮子《历史认识问题》）。

在宫中的晚宴上，天皇在欢迎辞中没有提到过去的战争，江泽民却严厉批判了日本军国主义主导的对外扩张政策，指出"我们会永远吸取历史的教训"，暗中批判了日本对历史问题的态度。

日本的媒体一致批评江泽民的"无礼"，却并未发展对日中之间的历史问题的热议。相反，中国方面的报道却大力宣扬共同宣言这一成果。或许是注意到了日本媒体的批评，江泽民屡次使用了"以史为鉴　开拓未来"这一口号，强调解决历史问题是日中之间的优先课题（同上）。

总之，此后日中关系陷入低谷，2001 年的教科书问题和小泉首相参拜靖国神社的事件更是对此雪上加霜，直到 2006 年秋安倍晋三首相访华，在这之前的 8 年间，日中之间断绝了首脑互访。

2001 年的教科书问题

2001 年春天，再次爆发了严重的历史问题。起因是"新历史教科书制作会"（以下称为制作会）的中学历史教科书通过审定，引起了中、韩的抗议。

在公布审定结果时，政府发表了"官房长官福田康夫的评论"。他预想到近邻各国会对此抗议，辩解说，日本的审定制度"不是由国家来确定特定的历史认识和历史观这一性质，通过审定，并不意味着教科书的历史认识和历史观与政府的观点是一致的"。而且，他还提到，在审定过程中也考虑到了"近邻各国条款"。

这一政府见解提出的新观点在于，虽然审定合格了，却正式否认了要求其更正或撤回等政府介入的方式。然而，审定合格与否最终由文部科学省判断，就无法避免两国的抗议。

韩国的外长韩升洙立即召见驻韩大使寺田辉介，要求修改"制作会"历史教科书的 35 处地方。接着，中国外交部也向北京的日本大使馆提交了备忘录，要求修改 8 处地方。

备忘录中指出，例如卢沟桥事变，"制作会"的教科书强调事件的偶发性，而事实是"日本早在 30 年代初期，就计划发动全面性的军事侵略并开始准备。将全面战争开始的导火线描述为偶发事件，其意图在于掩盖事实"。另外，对南京大屠杀缺乏史料依据这一记述，备忘录指出，"掩盖了日军对普通居民实施了有计划的大规模的屠杀这一事实。……其意图在于诱导质疑南京大屠杀的真实

国家与历史 ━━━━━━━━━━━━━━━━━━━━━━━━━━━ ◆

性以及远东国际军事法庭的结论"。对强调东京审判"非法性"的记述，备忘录指出，"日本承认并接受了旧金山和约的判决。用歪曲史实的方法来为战犯开脱罪名，诱导人们质疑判决的合法性和公正性"。中国外交部提出的这些抗议，都反映了中国官方对抗日战争的解释，直到现在也没有变化。

2001 年 4 月下旬，从森喜朗内阁接过政权的小泉纯一郎首相明确表示，除了明显的事实上的错误以外，不再进行修改。文部科学省则听取了教科用图书审定调查审议会（审定会）的委员以及 18 名专家的意见，对中国、韩国的主张进行了细致的确认。7 月 9 日，文部科学省大臣远山敦子做出说明，根据确认的结果，认定朝鲜古代史部分有两处存在错误，其他部分在审定制度上不视作再次更正的对象，要求谅解。对此，中国政府表示"遗憾和不满"，却也没有出现进一步的抗议活动。

随后，小泉首相于 10 月上旬访问中国，参观了卢沟桥等地并就对中国的"侵略"行为再次谢罪。随后在 10 月中旬访问韩国，参观了殖民地时期关押独立运动家的监狱旧址（西大门独立公园）等地。在日韩首脑会谈中，小泉明确表达了"反省与道歉"，并就开展日韩历史教科书的共同研究达成了一致。

新教科书问题发生一个月后，鸠山由纪夫党首率领民主党代表团访韩，在与金大中会谈时，后者表示，教科书问题虽引起了很大的冲击，然而并非是从感情上谴责韩国政府，而是要对问题本身进行学术上的实证性的研究，"制作会"的教科书并不代表所有日本人的观点，应该区别对待，避免对全体日本人批评或造成感情上的伤害（《民主党访韩议员团报告》）。

虽然金大中采取了低调和慎重的姿态，韩国舆论却不断升级，韩国政府从 1998 年开始阶段性实施的日本文化开放政策也告停。自治体和民间层次的交流活动也中断了。可是，或许是由于"制作会"教科书的采用率仅仅停留在 0.04% 这一低水准，不久，韩国、中国的抗议也就平息下去了。

2005 年的教科书问题及其变化

2005 年春天，同样因为"制作会"历史教科书的审定问题，中国外交部再次提出抗议。但是，与 2001 年不同的是，中国方面没有提出更正要求。

2001 年和 2005 年的教科书问题之所以没有发展成外交上的大问题，后面（第十章）还会提到，是由于同一时期小泉首相参拜靖国神社的问题大受瞩目，教科书问题占的比重有所下降，中韩两国也对整个日本教科书的审定过程加深了理解。

1990 年代前，中国的历史解释的特征是，无论对教科书问题还是靖国神社问题，都把"日本人民"视作彻底的"受害者"，与一部分"军国主义者"截然不同。这一历史解释的框架是在周恩来等领导人之下形成的，是基于高度的政治判断之上的。

随着 1990 年代改革开放的进展，这一基本框架并没有发生变化，然而，由于剧烈的社会变动以及言论自由的扩大，由领导人的"一种声音"统一历史认识开始变得不可能了（刘杰《为了日本和中国的和解》）。

韩国直到真正实现政治民主化之前，也有政府独占对外历史解释的倾向。从这个意义上，中韩两国的历史解释也容易和威权主义体制的维持、发展这一政治思想相结合，历史问题具有可能成为"外交牌"的危险性。

世纪转换期的历史问题在和解与不信任之间激烈摇摆，在韩国尤为激烈，似乎是在证明"民主化"的进展不一定就能促进历史和解。但是，反过来，或许是相互交流加深的缘故，关系修复得反而很快。

然而，教科书问题作为外交问题有所平息，并不意味着历史问题的平息。之所以这么说的理由，是因为"制作会"引出的教科书问题，不仅是审定制度和内容，还包括教育委员会层面的采用过程，作为市民社会的问题而得到广泛认知。由此引申出由谁来

"公认"特定的历史问题、文部科学省"公认"历史认识是否恰当等问题（大芝亮《从国家历史到跨国历史》）。

日中历史共同研究——三大意义

小泉执政时期的日中关系，由于首相参拜靖国神社和历史教科书等问题，已经降至冰点。再加上 2005 年出现的开发东海油田的问题，中国各地掀起了反日示威游行。

在这种情况下，同年 4 月，外务大臣町村信孝和中国外交部长李肇星在北京举行会谈，他们讨论到历史问题时，町村提议说，"有各种角度编写的教科书，国与国之间要形成历史的共同认识越来越难了。但是，重要的是不断努力靠近它。（他提到日韩历史共同研究）日中之间也应该协商能否进行历史共同研究的可能性"。李肇星回应说，"我们非常重视。今后双方要积极探讨"（服部龙二《日中历史认识》）。町村的这个提议，后来两人在京都再度碰面时又得到确认，安倍晋三政权成立的同时，共同研究得以在政府援助下实现具体化。

从以上经过来看，和日韩历史共同研究（后面要提到）相同，教科书问题也是日中一个缘由。不过也不能忽视，从后方推动日方提议的是北京的日本大使馆积极展开的"广报外交"，从正面宣传了日方对历史问题的见解（同上）。

共同研究的具体框架，在 2006 年 10 月中国国家主席胡锦涛与安倍首相的一致意见下，同年 11 月，外务大臣麻生太郎和外交部部长李肇星发表了文件。文件首先强调，要在日中共同声明等基本文件的基础上，秉承"正视历史、面向未来的精神"。其目的为，"通过对日中两千多年的交流史，以及近代的不幸历史、战后 60 年日中关系发展历史的共同研究，加深对历史的客观认识，促进相互理解"。

从日本的角度看，历史共同研究具有三点意义。

第一，历史问题在外交舞台上备受争议，为了避免其卷入舆论发生纠纷，出现阻碍贸易投资、食品安全等重要项目上的交涉进展的情况，把历史问题委托给专家讨论，也就是将其"非政治化"。

第二，虽然不期望两国之间能够达成历史认识的共有，但是可以排除和纠正误解和先入观，由于偏见产生的摩擦，或是被夸大的历史，避免不必要的摩擦。也就是说，"不指望共通的历史认识，而是通过整理、确认两者之间的鸿沟进行讨论，可以缩小以往的差异"这一期待（北冈伸一《日中历史共同研究的出发》）。

第三，不仅是两国的"不幸历史"，通过重新冷静地看待战后超过 60 年的两国关系，以及近代以前的两千多年的交流史，来确认日中两国在东亚的历史性存在意义和难以分割的关系。实际上，将"不幸的历史"时代"相对化"，也是政府的愿望。

共同研究的实质——平行的历史

笔者也作为日方的 10 名委员中的一名，参加了本次共同研究。由于研究受到时间限制，不可能进行大规模调查和挖掘史料，因此不是通过文献，而是采取直接对话的方式来加深对为何产生历史解释和历史认识的差异这些问题的理解，实在是难得的机会。

2006 年 12 月召开的第一次大会上，首先讨论了共同研究的推动方法，在大致的时代划分上达成了一致。

近代以鸦片战争为界，鸦片战争至"柳条湖事件"为第一部、日中战争结束时为第二部、战后为第三部。每部都由三章构成（共九章），分别由各自安排好的日中双方委员对其负责的时代就对华、对日关系史写成草稿，付诸双方讨论，根据成果分别写出最后的论文。当时，对整个时代，设定了双方都必须记述的名为"重要关心事项"的历史事件。例如，日中战争期间，要提到卢沟桥事变、南京屠杀事件、汪精卫政权、近卫声明等事件。通过双方触及这些重要事件，期待在对特定的史实的理解和解释上，明确双方的相同点和不同之处。

并且，还采取了给对应的作者论文评论的方式，考虑到可以平行地俯瞰日本眼中的对华关系和中国眼中的对日关系。

另外，中方要求，把日中关系基本上当作日中之间的问题来看待。因此，在日中战争问题上，基本没有涉及交战和外交交涉背后的国内动向，特别是中方的国内动向。

以东京和北京为核心，并选择了福冈、鹿儿岛、青岛等地，对双方文稿进行评论。和料想中的一样，中方对 1930 年代的记述方法，是以"日本的侵略和中国的抵抗"这一框架为基础的。对此，日方则采取了重视政策决定和交涉过程的传统的外交史和军事史的基本手法。特别是在承认"柳条湖事件"后具有军事性侵略倾向的同时，在不同政策抉择的情况下，更加重视"军事解决路线"和"和平解决路线"的竞争中，前者占据优势的过程。

中国的"抗日战争史观"

日中在方法论上的差异，也反映在对个别历史现象解释的不同上。例如，有关对 1920 年代日中之间"协调关系"的评价，中方认为自 1915 年的对华"二十一条"以来，日本一直推行"大陆扩张政策"，日方则认为扩张政策有所后退，两者存在巨大的差异。还有，中方认为日本的对华政策从"柳条湖事件"到日中战争是连续的，日方认为是断裂的，这一问题仍然存在很大的争议。

成为日中战争导火线的卢沟桥事变，第一枪是不是由日军打响这一点，日方坚持是"偶发性"的，中方也朝着这个方向探讨。只是中方认为，后来事态的发展是"柳条湖事件"后连续的有计划的侵略中国战略的延伸。事件爆发前一年，参谋本部制订的"昭和十二年度对支作战计划"中已经包括了对上海、南京的占领计划，可以解释为，该事件后，日军基本上是按照这一计划采取的行动。

根据日方的研究，这份"对支作战计划"是陆海军在每个年度都要制定的"陆海军年度作战计划"之一，在对华关系日益紧张的形势下，虽说设想了与中国的战争，却并非当时的参谋本部的一致意见，是为了获取军备预算的一种"作文"，事变并不是根据它而计划好的。

另外，虽然卢沟桥的开枪事件是"偶发性"的，却不能否认当地的日军（华北方面军和关东军）和陆军中央的"扩张派"利用这件事，将推翻蒋介石政权和占领华北这一意图（并非计划）付诸实施，政府和媒体也倒向这一看法，而没有在现地解决问题上付出努力。不过，无论是现地军队，还是"扩张派"，都并非企图与中国进行全面战争。

正如以上的例子所示，中方认定日本在侵略意图上的连贯性、计划性并将责任归结于此的叙述方法，与日方重视多元的局势、选择性、可能性的记述方法存在根本上的不同，这一点无法否认。

在南京大屠杀事件上，日方指出国民政府南京守卫体系的欠缺、蒋介石和南京防卫司令唐生智在南京守卫战中的失误以及缺乏统一指挥、放弃对民众的保护等问题，提出造成牺牲者增加的原因之一在于中方，这一解释在学术上尚可允许作为一个争议点，却很难得到普通中国人的理解。这种解释会被看作仅是为了回避日军责任而已。

接下来，在事件的牺牲人数上，双方不再争议，而是一致同意论证其背景和原因更有意义，回避了对牺牲人数的计算方法和依据资料等的讨论，而是并列记述双方的标准看法。在屠杀是不是有组织性的、计划性的这一点上，也是如此。

另外，中方目前对日中战争（抗日战争）是如何定性的，这一点也得到了明确。特别是日本对英、美开战后，中国明确地成为盟国之一，承担了世界规模的反法西斯战争的责任，在作为反法西斯统一战线的重要组成部分的中国战场上消耗了日本的大量兵力和资源，实现了反法西斯战争的胜利，这些历史观逐渐被固定下来。因此，中国以外的各国对抗日战争的胜利做出了贡献这一点，很少得到讨论。

抗日战争本身也由于中国人民反抗日本"侵略"，并将"反抗"坚持到底，才有了现在的国家基础，人民才得到了解放，这一历史观根深蒂固，也已经成为历史研究的基础。

日韩历史共同研究的教训

不过，刚才提到的政府援助的"历史对话"项目，这次并不是第一次。日韩之间也在两国首脑会谈达成共识的基础上，从2002年开始由"日韩历史共同研究委员会"主导，并在第一期研究结束的2005年出版了报告书。

除了日本的殖民统治时期，还包括古代、中近世、近现代日本和朝鲜的悠久历史。这一点和日中共同研究相同。日韩历史对话开始的契机，是2001年"制作会"编写的历史教科书通过审定引发的问题。

"制作会"的活动不仅包括教科书的编纂，还开展其他活动，为了与之对抗，民间也展开了多种形式的研究活动和历史对话。

民间的历史对话取得了进展，政府援助下的日韩历史共同研究却陷入了困境。从第一次报告书中可以看出，要求脱离教科书问题进入共同研究的日方，和坚持把教科书记述的是非争议作为前提的韩方存在立场上的差异。日方委员长三谷太一郎虽然承认历史教科书问题是共同研究的起因，却坚持委员会的任务是"通过共同研究，在历史领域确立起跨越国境的'学问共同体'"（《第一次日韩历史共同研究报告书》）。日方进行共同研究的前提是，认为"制作会"的教科书引发的问题是审定制度上的问题，与历史研究是两回事。

总之，日方主张历史研究和历史教育的问题应该分开对待，可以预想到韩方的委员很难同意这一观点。对从殖民统治中解放的韩国来说，恢复本国与本民族历史的研究和从研究成果中恢复并传承下去的历史，是不可分割的。

历史研究与历史教育的不可分割

从日韩历史共同研究中可以得知，在东亚讨论历史问题时，与"历史教育"是无法分割的。中国也有由国家来保护历史研究和历史教育的传统，虽然现在也不是完全由国家来编写教科书，但教科书总处于一定程度的国家监督之下。

中国的历史教育受到社会多元化的影响，教科书本身也朝着多样化的方向发展，但是，南京大屠杀事件作为"爱国主义"的支柱占有重要的地位。

南京大屠杀事件是日中战争中一系列"暴行"（强行掳掠、化学武器、细菌战、"三光"作战等）之一，作为中国人民的共同苦难与民族团结的象征成为"爱国主义教育"的基本材料，与其他暴行相比更加受到重视（杨大庆《南京暴行》）。这一点通过共同研究，笔者有了切身体会。

总之，教科书的记述内容依据中国正统的历史研究。因此，要通过政府援助的共同研究来订正南京大屠杀事件中的牺牲者人数，意味着历史教育内容的变更，又可能会发展成为从根本上动摇爱国主义教育的事态。换言之，要想从官方的立场来推动历史和解，就需要着眼于历史研究与历史教育不可分割这一中韩历史问题的构造。

从官方的历史研究成果与历史教育直接挂钩这一观点来看，如何以及在何种程度上公开共同研究的成果，对中国而言非同小可。研究接近尾声时，中方要求写入日方是侵略战争的"加害者"、中国是"被害者"这一基本判断，即使每篇通史性论文展开的理论是多么的精致，只要不明确这些基本判断，中方在公布时是有顾虑的。从研究结束到公布大约花了一年的时间，这也许是因为超越了学术讨论的阶段，而是需要考虑其是否能广泛用作历史教育的教材而进入了政治性判断的缘故吧！

为了持续性的历史对话

笔者曾出席 1997 年在东京（庆应义塾大学）召开的"卢沟桥事件 50 周年国际会议"。当时的气氛远远谈不上是"学术交流"，而是单方面以"日本的侵略与中国共产党的抵抗"为题，会上大多是教条式的理论。

原外务次官栗山尚一指出，特别是终战 60 周年的首相讲话中提到"我国战后的历史，正是用行动来证明对战争反省的和平的 60 年"，这是村山谈话中不曾有的特色，并高度评价它说，"反省不仅仅是语言，而是强调日本现实的行动便是佐证，更加强了讲话的说服力"〔栗山《和解——日本外交的课题（上)》〕。

小泉不顾屡次受到违宪诉讼和中国的抗议，坚持参拜靖国神社的原因，与其说是对支援母体的日本遗族会等的顾虑，不如说是对无人能够干涉对战亡者的敬意这一"内心问题"的认识更为准确。但是，栗山认为，作为政府的最高负责人，应该避免参拜靖国神社。其理由是，作为在甲级战犯的合祀以及中韩的批判之前的问题，对照"村山谈话"和"小泉讲话"，"政府本身立场的一致性就让人怀疑"（同上）。

为何"一致性"会让人怀疑呢？因为它给人造成的印象是，政府也赞同肯定靖国神社的"大东亚战争"的历史观。栗山所说的靖国神社的历史观，是指神社的附属设施游就馆。

游就馆的真意

游就馆的历史悠久，据说最早是 1880 年以陆军元帅山县有朋为首的构想，意在"尊祭神之遗德、展示古来武器等设施"，通过靖国神社来具体展示战亡军人（祭神）的功绩，并流传后世。每次发生对外战争时都会增建或改建，1935 年根据第 300 号敕令（靖国神社附属游就馆令）确立了法律上的地位，由敕任官担任馆长，成为官营的博物馆。战败后的 1945 年 9 月，受到占领军的指示废除了第 300 号敕令。1996 年重新开放，以如今的面貌全面改造开放是在 2002 年。

游就馆中的展示虽然时常有变化，但是展品基本上都是战亡士兵（英灵）的遗物。从士兵的日记和手记、遗书，到活人鱼雷"樱花十一号"的胴体都有展示。被判为甲级战犯处刑的原首相东条英机、原军令部总长永野修身、原陆军大将木村兵太郎等人的照片，也很平常地被展示出来。

光看展示品和解说，似乎游就馆的目的是赞美"军国主义"，其实也不尽然。它想告诉人们的信息是，作为靖国神社的附属博物馆，战亡军人（英灵）为国捐躯的高风亮节和自我牺牲的精神。馆内放映的题为《我们不会忘记——感谢、祈祷和自豪》的录像片，向人们提出质问，"你想过吗？有许许多多为国家奉献出宝贵生命的人的牺牲，才有我们的'今天'"。

游就馆不是普通意义上的历史博物馆，不适用于博物馆法。英国记者伊恩·布鲁玛采访游就馆的青年神官时，那位神官回答说，之所以区别于一般的历史博物馆，是担心不考虑"魂灵和遗族们心情"的历史学家加入进来，"不能让遗族们觉得靖国神社供奉着为侵略战争而战的人们的灵位"（伊恩·布鲁玛《战争的记忆》）。

即使游就馆的目的不在于赞美军国主义，而是歌颂战亡将士的"自我牺牲的尊严"和"英灵显彰"，其展示内容却明显地带有直接对抗"侵略战争论"的色调。如果战争是错误的，那么这些殉国的将士的死就变得毫无意义，倘若加以否定的话，那么国家行为也就没有错误，此处透露出这一单纯的理论构造。这里不仅没有让人们深深思考国家战争与"自我牺牲""殉国"的意义，反而成为阻碍。

分祀论的去向

将作为祭神被祭祀的甲级战犯从靖国神社中分离，来平息近邻亚洲各国的批判这一分祀论，自中曾根康弘内阁后就一直存在。就算不提中国和韩国，B、C级战犯也就算了，东京审判中被定罪的"战争责任者"都被当作为国捐躯的"昭和殉难者"合祀，也受到不少议员和有识之士的质疑。特别是 2000 年前后，据说岛村宜伸和山崎拓等议员奉中曾根之令向神社方面做工作，日本遗族会会长古贺诚议员也公然发言要考虑分祀（自民党议员伊藤公介，2006年 5 月 19 日众议院外务委员会）。

　　2004 年 2 月，中曾根在朝日电视台的"星期日节目"中发言表示，分祀方案由于遭到靖国神社的顽强反对而未能实现。对此，靖国神社发表见解指出，对分祀的是非问题，从神道信仰上就行不通，"神道中的合祀祭是最庄重的神事，一旦经过祭祀，每个神灵的全部神格都不能迁移"；并断言，"即使假如所有的遗族都同意分祀，靖国神社也不会因此而实施分祀"（靖国神社社务所《所谓A级战犯分祀案上靖国神社的见解》，2004 年 3 月 3 日）。

　　在这种情况下，2006 年夏曝光的"富田手记"（第四章）证明，昭和天皇也对甲级战犯的合祀持批评态度，由此出现了只有分祀才能解决问题的论调。然而，靖国神社和遗族会以及保守派的超党派议员组成的"日本会议国会议员恳谈会"（会长平沼赳夫）等人表示激烈反对。其理由之一是将甲级战犯从神座上分离意义上的分祀是不可行的，也就是靖国神社和神社本厅所主张的教义上的理由。另一个理由则是甲级战犯在国内法中并不是罪犯，将他们分离出去，是对将他们作为罪犯定罪的"不公正"的东京审判的容忍。

　　从分祀否定论中可以得知，原本战犯的合祀，正如第四章中所述，是基于国会决议和政府的判断，而不是神社方面的私自判断。

　　从靖国神社的角度来看，至少甲级战犯被认定为相当于"因公而死"的"法务死亡"，并被视作援护法和恩给法的对象，才进行了合祀，并不是靖国神社单方面的判断。而且，靖国神社还展开了独特的理论，即直到和约生效前都处于"战争状态"，在此期间被敌国的审判处死的战犯，"国家判断为等同于战争中经敌人之手被处死"（靖国神社、靖国祈祷编辑委员会编《靖国的祈祷》）。从这里可以看出，他们始终坚持与国家一道实施了合祀这一论调，隐含着要寻求国家保护的本意。这也许正是他们的巨大危机感的体现吧！

国立追悼设施方案

　　分祀论停滞不前，此时浮出水面的是建设新的国立追悼设施的方案。新设施的构想早在小泉内阁时期，就由官房长官福田康夫下设的"追悼·和平祈念纪念碑等设施思考恳谈会"（委员长今井敬）进行探讨，2002 年 12 月提交了最终报告书。

报告书中描述的设施是，对明治维新以后日本的有关战争中的战亡者，以及战后为日本的和平与安全、为维持国际和平而死亡的人员进行哀悼，重新"宣誓不战"，是为祈祷和平的国立无宗教设施。追悼对象包括由于"日本过去发起的战争"而丧命的民间人士、外国将士以及普通人。不像靖国神社的"祭祀"带有慰灵、镇魂的性质，虽然不否定个人的宗教感情，却仅是"悼念战亡者、缅怀战亡者"的性质而已。当然，其目的与收藏了无法交给遗族的遗骨的千鸟渊战亡者墓园不同，并不影响各自的存在意义。

国立设施这一构想也体现在民主党的政权公约中，主张"谁都不心存不满，能够追悼战亡者，宣誓不战与和平，不具有特定宗教性的新的国立追悼设施，我们将积极推动"（《政策集索引2009》）。

然而，有人激烈反对这一国立设施的构想，认为它无视遗族的感情，抹杀靖国神社的存在意义的遗族会就不用说了，就连提议新设施方案的恳谈会中也有人表示反对。例如委员之一的坂本多加雄（学习院大学教授）。

坂本虽然在最终报告书定稿前去世，但他的意见作为"参考意见"被附在报告书的后面。他认为，靖国神社在大多数国民的意识中，与其他国家一样，是代表国民意志、按照传统的历史形式来追悼战亡者的唯一设施，政府应该以首相参拜的形式来履行官方的追悼义务。坂本还进一步指出，从超越国家界限的国际性观点来追悼战亡者的，特别是在近邻各国并没有这一趋势。

麻生太郎的"国营化论"

国立设施的构想未能取得进展的原因之一，在于没有否定靖国神社的存在意义。建设国立的追悼设施这一构想并不新颖，早在

1972 年 1 月，与遗族会干部会谈后的自民党总务会长中曾根就曾提出设想，"靖国神社保持现状，国家另外建造长明灯的大殿堂"（《与英灵共处的 30 年》），其前提仍然是不能触及靖国神社。特别是对于遗族而言，战亡者的慰灵和显彰的场所除了靖国神社外别无他处，仅有追悼目的的设施只会有害无益。

这里受到瞩目的是麻生太郎的"国营化论"。麻生的提议是，"将靖国的名称恢复成原来的招魂社，解散宗教法人，移交政府管辖，由国家实施追悼行为"。这一提议还出现在《诸君》杂志（2008 年 2 月刊）上，国会也数次对此讨论。例如，麻生担任首相时期，民主党议员冈田克在被问及"麻生提案"的真意时，做了如下回答：

> 我个人认为，禁止靖国神社以国家最高荣誉祭祀那些为国家献出尊贵生命的人们，显然是有偏颇的、错误的。因此，将此问题完全推给一个宗教法人，这是最大的问题。……因为是宗教法人才很困难，那么如果是其他的第三者法人……是靖国庙也好，还是招魂社也好，有各种各样的形式。

麻生提出的由靖国神社主动实施，自主脱离宗教法人的"国营化论"并不新鲜。例如，1975 年 3 月，众议院内阁委员长藤尾正行就向日本遗族会提出，把靖国神社转为新的特殊法人作为解决方法，由国家护持这一特殊法人（《与英灵共处三十年》）。麻生的方案和藤尾没有大的区别。

1975 年 3 月时，日本遗族会仍然期待国家护持法案，并未认真对待藤尾的方案。但是，30 年后的麻生方案，因为靖国神社所处的环境发生了巨大变化，或许是作为具有现实性的最后方案而不得不考虑。实际上，麻生方案的根据之一是，靖国神社的宫司南部利昭向麻生表示，"靖国是受国家托付的，迟早要还给国家"。

何为靖国问题的解决

话说回来，靖国神社不会抹消曾被合祀的人。有几场审判因为亲人被强行合祀，要求靖国神社抹消姓名的，都以败诉告终。最近的事例有，一名虔诚的基督教徒要求从亡灵簿上抹消亡父的姓名，而向国家和靖国神社起诉，却也以败诉告终（从亡灵簿抹消姓名等请求控诉事件，2010 年 12 月 21 日）。

其主要理由是，"尽可能广泛地合祀战亡者，才是宗教活动"，假如限制合祀的话，是"侵害宗教活动的自由"。来自宗教法人的"宗教活动的自由"得到了广泛的坚守。

对于靖国神社无视活着的遗族的意愿这一顽固姿态提出批评，建议重建新的设施固然简单，但是光凭这些是解决不了问题的。有必要考虑到多达 15 万人的众多遗族和参拜者的心情。从遗族和靖国神社的立场来看，问题的根源虽说是由于受到占领，然而国家放弃了本应由其承担的悼念战亡者这一责任，只好由宗教法人的靖国神社来代替国家悼念。

原外务省条约局局长东乡和彦提出质疑，"事情关系到悼念战亡者这一国家的根本。到底是谁为国家献出了生命，本来不是应该由国家来判断的吗？"而将这个问题委托给宗教法人的靖国神社，真的妥当吗？（《历史与外交》）。

只要靖国神社还存在，具有中立性质的国立追悼设施方案就可能不但达不到国民性的和解，还会产生新的对立。如果是这样的话，那么在现行宪法下的最终解决方案，只有将神社改造为外国和日本都能接受的形式。

在靖国神社的改造问题上需要考虑的是和皇室的关系。在占领时期，靖国神社曾面临存亡的危机，神社有关人员提出，"总之维护皇室和神社的关系是基本的方针"。这是因为对神社而言，"断绝与皇室的关系，那么存在也没有意义了"（横井时常权宫司口述《靖国神社与 GHQ 的交涉记录》）。实际上，皇室和皇族明里暗里都一直支持着靖国神社。

然而，游就馆体现的历史解释，在国际社会上也很难被接受，需要对其进行大幅度的改造。原本，靖国神社就不是体现某种历史观的场所。

担任靖国神社崇敬者总代这一要职的所功指出，靖国神社在追悼第二次世界大战之前的战亡者这一意义上已经完成使命，靖国神社"处于巨大的转折点上"。遗族也已经过了第二代，"仅仅依赖遗族的组织要好几代人继承祭祀英灵是有限的"，2002 年游就馆重新改装，据说是为增加崇敬者的"扩大范围"活动的一部分（朝日新闻采访组《战争责任与追悼》）。可是，目前的游就馆的面貌很难立即获得众多的支持者。

靖国神社作为宗教问题的暧昧之处在于，靖国神社为了寻求国家的保护，或是避免违反政教分离的规定，一味地坚持神道是祭祀而非宗教这一观点。据我所知，日本的历史教科书中几乎从未出现关于神道的记述。其原因想必就有这种暧昧的含义。倘若如此，就应该像宗教学家山折哲雄提出的那样，靖国神社主动发布神道即为宗教这一明确的"宗教宣言"，进行改造，才能抹消这种暧昧（《天皇的宫中祭祀和日本人》）。虽然发布宗教宣言后，首相参拜和国家保护都不再可能，然而，改造后的追悼设施能够成为废除祭祀仪式而不拘泥于参拜形式的开放性追悼设施，也可以实现国家对其的保护。

总之，靖国神社如果失去了国家的援助，将会出现财政上的困难，如此下去很快就会走向没落。

位于东京千代田区的千鸟渊墓园，安置着无人认领的海外战亡者的遗骨，是唯一一处国立的追悼设施。该墓园建成于 1959 年，是在吉田茂首相担任总裁的募款组织的主导下得以实现的。其意向书中列举了为何靖国神社不适宜作为追悼设施的三点理由。第一，作为供奉战亡军人灵位的场所不涉及一般战亡者；第二，并非埋葬遗骨的设施；第三，与神道以外的宗教不相容，能否接待外国来宾的正式参拜尚存疑问。这三点正是重新评价墓园以及另需靖国神社以外的新设施的理由。

千鸟渊墓园的"御制碑"上，刻着昭和天皇咏唱的"御制"（和歌）：

为了国家／献出生命的人们／思念你们／心中悲痛

想必，昭和天皇想给长眠在千岛渊墓园的战亡者以及长眠在靖国神社的战亡者，都献上同样一首御制吧。

关于"昭和馆"

坐落于东京九段的"昭和馆"，源自 1979 年日本遗族会为了安慰战亡者的遗孤，向厚生大臣桥本龙太郎提出的"战亡者遗孤纪念馆"的构想。

后来，桥本回忆起建馆时说，"昭和 50 年代初，战亡者的遗孤们提出，想要国家证明自己的父亲们没有白白牺牲"，建馆是对此做出的应对。

但是，建馆的道路并不平坦，1992 年底，作为厚生省援护政策的一部分，国会通过了 123 亿日元的建设费。后来，建设计划又经过更改，终于在 1998 年 12 月竣工（1999 年开馆）。从构想到建成花费了 20 年时间。在此期间，以厚生大臣的私人咨询机构"战亡者遗孤纪念馆恳谈会"（委员长向坊隆）为首，听取了多名专家的意见，名称也从"战亡者遗孤纪念馆"改为"战亡者追悼和平祈念馆"，最终定为"昭和馆"。

起初，这一项目计划作为由史料馆和展览馆等有关部门共同管辖之下的"综合战争历史馆"。这是日本第一次尝试建设国立的战争纪念馆。笔者也作为资料专家会议（委员长秦郁彦）的委员之一参与其中，负责调查日中战争、太平洋战争的有关国内外资料以及收集所在信息等，对此怀有很大的期待。

　　但是，起初担忧的问题并没有得到解决，最大的问题是，以战亡者遗族的援护政策这一名目获得了国会的批准，那么即使再装作设施是中立的，也无法与遗族会的战争观撇清关系。弄不好的话，这里将变成国家代替遗族会向国内外宣扬他们的战争观的一座设施。

　　资料专家会议出于上述的担心，先后两次提出把重点放在实物的展示上，"将重点放于收集国内外的图书资料和检索上，更容易获得国民的赞同，是贤明之举"。他们还提出具体意见，预计所谓IT革命将给检索系统带来飞跃性的进步，广泛收集并保存资料，将其变为以公开为主的设施。这一构想出现在上面提到的"亚洲历史资料中心"之前，却不足以解决问题的本质。

"没有战争的战争纪念馆"

　　方案确定后交付国会批准的前后一段时期，祈念馆的构想公布于众时，受到了历史学有关团体的激烈批评。批评的焦点在于项目的性质。虽然有必要建设国立的和平祈念设施，但是仅仅体现对战亡者遗族的悼念之意，显然会引起亚洲各国的批判，应该导入对"过去的战争"批判的观点。

　　1993年8月，由主要的历史学相关六大团体构成的"'战亡者追悼和平祈念馆'问题思考会"向细川首相提出了请求书和对策，文中指出，"对过去战争的反省和谢罪，是未解决的战后处理问题的出发点"，国立的和平祈念设施关系到国民对过去战争的态度，"应成为有助于解决恢复战争受害者名誉等广泛的战后处理问题解决的设施"（《日本史研究》1993年10月刊）。

　　面对这些批判，日本遗族会反驳说，这本来就是为了遗族而建的设施，对亚洲的谢罪和对战争的反省不是它的目的所在。就连国会上，议员竹村泰子（社会党）也要求重新考虑。她说，"忘记加害责任的战亡者追悼和平祈念馆，不是会越来越加深亚洲国家对日本的不信任吗？和平祈念馆的展示和活动填埋历史认识的鸿沟，恢复亚洲国家对日本的信任，这才是与之相符的"。可是，当时的厚生大臣营直人虽有很多同感，却指出作为援护措施之一，花费了很长时间来研究这个问题，因此不能采纳（1996 年 6 月 20 日参议院决算委员会）。

但是，展示内容面临大幅度的更改。修改后的计划中，对有关战争整体的历史性事实不予展示，重点放在能够反映战争遗孤经历的战时、战后国民生活"艰辛"的实物资料的收集、保存以及展示上。名称也改成了"昭和馆"。对厚生省而言无疑是合格的历史设施，不过从起初的战争纪念馆的构想来看，已经成为"没有战争的战争馆"。

特别是刚开馆时的展示内容，即便详细地描绘了敌后的生活，却近乎神经质地回避了让人联想到战争性质和战场情形的展示品和注解文章。最近注解文章确实是详细了一些，例如，就算重现灯火管制下房屋和家庭的情形，却没有任何关于为何要进行灯火管制、空袭是什么样的说明。慰问袋和防空头巾等实物的展示也是如此。也就是说，这里是没成为战场的日本国内的"国民生活资料馆"，却没有反映成为战场的冲绳，然后是满洲、朝鲜半岛、台湾等"外地"的战时、战后生活。

昭和馆之所以成为上述的设施，与其说是出自对遗族会的顾虑，倒不如说是因为对外关系的优先。但是，昭和馆的运营被委托给遗族会一事，给国民造成了以下的顾虑。刚刚决定委托给遗族会的国会上，议员土肥隆一（社会党）做了如下的发言：

（遗族会的项目）在英灵显彰方面表达得极其明显。它有着特定的历史观。它还发表了对细川首相关于侵略战争发言的抗议声明。遗族会如果成为国立祈念馆的百分之百的运营主体，我还是不得不感到害怕。有什么方法能担保它实行公正中立的运营吗？

（1993 年 11 月 9 日众议院厚生委员会）

对此，厚生省的政府委员回答，为了保证其运营上的公正中立，将设置第三者委员会，采取听取委员会意见来运营的方式。但是，土肥仍然持怀疑态度，他指出，"由于这座建筑物、设施是伴随有相当程度的思想或是历史解释的重大项目，而且正因为它是国立的建筑物，需要慎重再慎重，每年都应要求它做一次汇报"。国会上的这些质疑和答辩，为之后昭和馆的运营做出了重大的规定。

市谷的战争纪念馆

1993 年 8 月底，《每日新闻》的"大众广场"投稿栏中，刊登了一篇名为"将自卫队市谷一号馆改为战争资料馆"的文章。正好发生在细川首相在就职宣誓中提到"对日本的侵略行为及殖民统治的深切反省与道歉"后不久。这篇文章的大意是，近来正在计划推进的"战亡者追悼和平祈念馆"（后来的昭和馆）的建设场所，可以利用计划拆毁的自卫队市谷驻屯地的一号馆。

位于市谷台的一号馆，战时曾是陆海军作战计划中枢机构的大本营所在地，战后又曾成为东京审判的舞台。三岛由纪夫就是在这里自尽的。细川内阁成立的前一年，防卫厅办公大楼从六本木搬迁至市谷驻屯地的计划正式落实，1996 年决定对市谷办公楼进行拆毁。由于其历史渊源，防卫厅内部也就一号馆保存与否的问题展开讨论，历史团体和几个政党也推动发起保存运动。其中有一项请愿提出了将建筑物留作史料馆，复原东京法庭，将周围建成纪念公园等具体的方案。

文章还冷静地呼吁，趁着细川政权成立的机会，将聚光灯重新聚焦在日本在太平洋战争中的战争责任问题上。在这个问题上，重要的是让下一代继承对战争的认识和体验，因此才需要记录战争并进行收集展示的历史资料馆，没有比一号馆等适合的地方了。这座建筑物，象征着太平洋战争之前和之后的交界点。

文章在最后指出，"要落实这一方案，从以往的行政常识来说并不简单。但是，正因为联合政权取代了长期连续执政的自民党政权,才应该把历史放入视野进行大胆的变革"。

这篇投稿还被提交到国会上,1993 年 11 月召开的参议院内阁委员会上,官房长官武村正义被问及感想时答道,"我觉得这是个颇有意义的尖锐的提议"。但是,搬迁计划已经有了进展,另外,九段周边也在准备建立战亡者追悼和平祈念馆(昭和馆),因此对一号馆改建为战争纪念馆一事持消极态度(1993 年 11 月 9 日参议院内阁委员会)。

这一构想无声无息地就消失了,其理由并不全是因为一号馆归防卫厅管辖、和平祈念馆归厚生省管辖这一行政上的分离,以及国会已经承认了巨大的搬迁经费而无法更改搬迁计划的惰性形成的阻碍。在一点上,总务长官石田幸四郎在参议院内阁委员会上的低调发言很好地做了概括:

> (一号馆)曾举行过远东审判,又曾经是大本营所在地,同时看这两个问题是很复杂的。以这种形式来看待战争问题时,把祈念馆设在这里真的合适吗?

也就是说,在市谷台建设综合性的战争纪念馆时,作为"侵略战争"司令部的大本营和制裁它的东京法庭,即胜者和败者的两大象征使这里发生战争观上的冲突,有可能会成为冷静看待战争问题的障碍。假如细川内阁跨越部门之间的限制,决定在市谷台成立综合性战争纪念馆的话,恐怕会在国会内外引起此类的争议吧。虽然很难预测它的结局,也许会发展成为与靖国问题不同层次的成果性争议也不一定。

终章
"和平国家"与历史问题
——对未来的解释责任

"和平国家论"的功与过

本书第二部中讲过，1980 年代的靖国神社参拜问题与历史教科书问题，使政府关于"历史问题"的对外立场逐渐固定下来，即在严肃接受"大东亚战争"是"侵略战争"这一国际性批判的同时，却不自行承认侵略战争这一矛盾的立场。

解除这一矛盾的论证方法是对和平宪法的活用。例如，在第四章中提到，外务大臣樱内义雄在认识到侵略战争这一国际批判的同时，对为何不自行承认侵略战争这一质问回答说，"因为和平宪法是否定战争的，比起这个问题我们采取了更加超然的姿态"。遵守和平宪法、走和平国家的道路就是对"过去的战争"的清算，这一论调是 1950 年代以来政府一贯坚持的答辩方式。

这一"和平国家论"（和平主义）不仅在国会，也广泛地渗透到了国民之中。在这里举一个例子来说明冷战时期官方层次上的"和平国家论"。以下选自外务省每年发行的《外交蓝皮书——我国外交的近况》（1976 年版）中的一节。

我国将在和平宪法下贯彻和平国家的道路作为国策。也就是说，我们不主动采取军事武力的对外政策手段，而是致力于维持和发展和平的对外关系这一重大事项，因此需要确保世界的和平，而且，也只有世界的和平才是与我国的国家利益相一致。

在短短的篇幅中竟然 5 次提到了"和平"一词。为了不使用武力来维持和发展对外关系这一"重大事项"，需要"世界和平"，而"世界和平"正是和我国的国家利益吻合的。且不论世界上有没有哪一个国家的国家利益与"世界和平"是相违背的这一愚蠢的问题，这里设想的"世界和平"，究竟指的是什么样的一种状态呢？

它是指国际政治力学下维持的相对和平呢？还是指所有国家都放弃武力状态下的和平？或者是拥有超国家性权威的国际机构维持的和平状态下的和平？完全不明所以。因此，也没有人指出为了维持和发展不依赖武力的和平的对外关系这一"重大事项"，应该如何去推进。这里只不过是单纯地把不以武力作为对外政策手段的国家，称为"和平国家"罢了。

这种一国主义方式下的"和平国家论"出现变化，是在 1991 年出版的《外交蓝皮书》中。日本外交理想的立足点在于宪法第 9 条和序言这一点虽然没有变化，但是和平主义的概念不能仅停留在口头的宣誓上，而是应变为觉悟到"某种程度的牺牲"而积极发挥作用的论调。

其背景中有 1990 年代中期以后发生的海湾危机。《协助联合国维持和平行动法案》的废除遭到国际上的批判，特别是面临安全保障的国际合作这一现实性要求，终于开始了摆脱一国主义方式下的和平国家论的尝试。

全体牺牲者意识

那么，一国主义方式下的"和平国家论"和历史问题，又存在什么样的关系呢？

日本史学家大滨彻也在《日本人与战争》一书中写道，战后社会的言论虽然高声歌颂和平，对每次战争的真相的认识却实在是淡薄，"战后日本通过讲述和平，来使日本民族作为主体下注的战争抽象化，丧失了战争时代的真实感。日本人提出'和平祈念'，恰恰使自己成为战争的牺牲者"。

的确如同上面的评论，关于战争与和平的言论是战后日本社会的特征。战灾受害者、撤退归国者甚至是战亡者的遗族都被当作"战争牺牲者"，也就是说国民"全体牺牲者意识"在支撑和平主义上发挥了巨大的作用。广岛和长崎的牺牲者被定位为"受到原子弹爆炸的洗礼奉献出宝贵生命，奠定了永恒和平之基石"（原爆纪念碑的碑文），象征着牺牲者意识支撑的和平主义的一个顶点。

和平国家论作为与战前国家决裂的象征，与"文化国家论"一道，从战败后就被提了出来，随着新宪法的公布而成为定论。

1946 年 3 月，币原喜重郎首相在公布宪法修改方案时，发表讲话指出，新宪法"从内确立了民主政治的根本性基础，对外率先向全世界表明了对战争灭绝的期待"。这里的"和平国家"被视作与现实中进行的民主化密不可分，要求具有高度的规范性（石田宪《从战败到宪法》）。

实际上，外务省很早就设想好对和约的要求，即明示"比联合国更进一步树立世界政府的原则"，"明确规定全体签署国将放弃战争作为国策"，"撤销世界性军备"等内容（前引《和平条约问题干事会第一次研究报告》）。这里能够看到以国际关系上的"法律统治"为前提、要求放弃战争和撤销军备的战后国家形象。正如宪法序言中所示，甚至能体会到"对爱好和平国家的信赖"这一单纯的感觉。

国家的双重形象

回顾政府内外有关"和平国家"的议论，单纯来说，可以看作国家的双重形象，一种是重视与战前国家"联系性"的国家形象,一种是强调"断绝性"的国家形象。

例如,靖国神社主张殉国的"英灵显彰"这一行为应由国家承担,这就是对战前国家连续性的意识。与其说是指国家,靖国的英灵更是指那些为天皇献出生命的人,这一主张亦是如此。另外,国籍的难题也在于如何定义国民这一问题上,战后沿袭了由户主和家族构成的以血缘为集体单位的户籍制度,问题依然根深蒂固。

新宪法制定后,宪法普及会在发给2000万户的《新宪法 快乐的生活》中指出,"我们国民以天皇为核心结为一体,这个国情和以前丝毫没有变化,因此国体也没有变化"。天皇与国民结合一体的"国情",即天皇制,过于拘泥于国民的定义,成为排斥他人(外国人)的体制一直延续到战后。

这一情况还体现在关于"外国人"权利的制宪过程中。1946年2月的麦克阿瑟宪法草案(GHQ草案)中有一项条款内容如下:"所有的自然人在法律上一律平等,在政治、经济或者社会关系上,不应由其人种、信仰、性别、社会身份、阶级或者国籍由来如何来进行差别对待或是对其容忍、默认"(第13条)。但是,这一条款中,删除了"国籍由来"的部分。另外,"外国人拥有接受法律保护的平等权利"这一条款(第16条),在审议时被删除,"所有的自然人"和"在法律面前人人平等"的地方被订正为"所有国民"[同上,以及江藤淳编《占领史录(下)》]。

如上所述,新宪法体制中包括强调与战前国家的"断绝性"的国家形象,以及重视"连续性"的国家形象这两种。在战后政治中,前者成为基本的国家形象得以确立,然而,在战争和殖民统治等"克服过去"的问题上,却未能提出相应的解决方案。

同时,建立在牺牲者意识上的和平主义,由于缺乏对战争的"真实感",与将战争的评价和战亡者追悼、慰灵分割开来的政府的一贯立场能够友善共处,起到了支撑遗族援护法和恩给法的作用。特别是在优先对待军人、军属的遗族这一点上,恩给法具有与战前强大的连续性,使战争评价有了被束之高阁的可能性。

这两种国家形象，并没有被认为是互相矛盾的。为了得到国际上对维持天皇制的认知，也必须实行彻底的和平主义与民主主义。可是，这两者受到与国际冷战挂钩的国内冷战（"左"、右意识形态对立）的影响，各自陷入无法动弹的对立当中，直接地封闭上了通往"克服过去"的道路。

战后，联邦德国在联邦基本法的第 1 条中规定"人类尊严不可侵犯"，与固有历史和传统分离，将人权、自由、民主主义这些普遍价值作为国民统合性的基础，要求国民在"宪法爱国主义下"忠诚。联邦德国正是因为作为实现普遍价值的战后国家获得重建，"记忆·责任·未来"财团等对战后补偿问题的持续性对应才成为可能。

然而，日本的新宪法体制在彻底删除了战争和军备的设想规定这一点上，和平主义的规范性显得尤为突出，却不具备依据和平主义之上有关清算过去战争的法令和官方项目，对解决历史问题于事无补。例如，加入历史教科书审定标准中的"近邻各国条款"，由于仅仅停留在单纯的"指针"上，几乎发挥不了任何作用。

冲绳的历史问题

然而，对"和平国家论"批评最猛烈的是冲绳。大滨所说的"丧失了战争时代的真实性"只适用于日本本土的人们，冲绳是个例外。

二战末期的 1945 年 4 月，美军在冲绳本岛登陆，6 月，冲绳守卫军全军覆没。在此 3 个月期间，居民被卷入了激烈的战斗。日军的战亡者达 9 万多人，非军人的牺牲者人数也超过了 10 万。在第二章中讨论过的遗族援护法也对冲绳战役中死亡、负伤的非军人及其遗族，按照一定的标准破例作为准军人、军属"参加战斗者"对待，并支付恩给和抚恤金。

冲绳的普通居民与本土的普通战争受灾者不同，超过了负担的"公平"与"国民忍受"的局限而被认定为战争牺牲者。冲绳被赋予了与海外战场并列的地位。

另外，冲绳从战败后立即被置于美军直接的军政管辖之下，也无法向制宪国会派遣代表，不适用于新宪法。在议和谈判的过程中，美国军方还特别主张从战略上的需要将冲绳完全与日本本土分离（放弃主权），盟国中也有国家认为日本放弃主权是理所应当的。而美国国务院从对日协调的观点出发，主张按照大西洋宪章的原则（不扩张领土）从形式上予以归还。

结果，根据和约第3条（领土条款），在联合国承认美国为唯一施政者这一委任统治制度确定之前，规定其接受美军的施政管辖。可是，委任统治制度也并非义务，保留了主权放弃和归还的两种可能性，是极其暧昧的结论（埃尔德里奇《冲绳问题的起源》）。

芦田均（民主党）指出，如果在此条领土条款上，和约是"和解和信任的条约"的话，"特别是将来没有必要把小笠原以及冲绳群岛置于委任统治之下。条约生效的同时归还日本，是理所当然的趋势"（1951年10月18日众议院）。

芦田的意见代表了议和即归还这一冲绳县民的心声。吉田首相基于县民的这一心愿，与杜勒斯达成一致，即日本拥有冲绳的"潜在主权"。不过，其意思并不明确。杜勒斯在被问及"潜在主权"的含义时答道，"就是字面的意思。我们不再需要冲绳时，日本可以收回冲绳"，日本国内也很难做出更进一步的解释（同上）。

国务院直到和约生效前，都计划在确保基地权的基础上，让日本保留潜在主权甚至是行政权，却由于美国军方的反对而未能如愿。然而抵抗军方的强大压力，使冲绳免于丧失主权从本土分离，是国务院和吉田内阁的功绩。一旦丧失主权成为现实，就会在日美之间遗留下难以掩埋的"历史问题"。

然而，议和后的军政府虽然推动了冲绳与日本本土的贸易和经济关系，却在基地开发、土地接收、县民自治等政治问题上转为强硬姿态，这反而促进了反基地运动和归还运动的发展。1972年的归还冲绳并未使基地问题得到根本性解决。

冲绳的这些经历，造成了它和本土之间在对战争与和平的认识上出现了巨大的断层。被排除在新宪法的适用范围之外，再加上基地问题，冲绳眼中的本土"和平主义"，就像是漂浮在冲绳牺牲之上的浮草罢了。和平宪法的各项理念，是"只有否认冲绳分离与军事统治才能确立的价值"，为了真正实现和平主义，就需要解放作为美国"军事殖民地"的冲绳（新崎盛晖《未完的冲绳斗争》）。

冲绳尖锐的和平论，就像 1995 年的少女施暴事件所体现的那样，作为集中于基地问题的构造性差别问题，时常在国家政治上受到瞩目。2008 年关于"集体自决"记述的教科书审定问题也是其中之一。特别是，历史教科书和历史教育如果是形成公共记忆的有效手段，那么它更起到了推动的作用。笔者正好作为教科用图书审定审议会（审定会）委员接触到了这个问题。

冲绳"集体自决"的审查

冲绳战中普通居民的"集体自决"（集体性自杀）这一悲惨事件，是受到军部的强迫还是"自发性质"的，是家永审判中争议的焦点之一。在这场诉讼中，最高法院判决（1997 年）认定，按照军部的命令被迫集体自决的人数众多，由此，1990 年代受到军部命令或强迫的论调占了主流，提及集体自决的教科书也按照这一论调记述，审定上也没出现什么特别的问题。

2006 年 4 月，申请审定的教科书（六家出版社八件）也是一样。这里举一个例子，比如"其中也有被日军强迫集体自决的人"（日本史 B，清水书院）。

从以前的审定结果来看，应该这样就可以通过了。可是，一年后的 2007 年 3 月公布的审定结果（审定合格）要求所有的教科书都改为"其中也有人被迫集体自决"（同上），导致强迫集体自决的主体并不明确。读法不同，可能会认为原因不在于军部的指示或强迫。

为什么会出现这种千篇一律的表达形式？

这是因为，2006 年秋，教科用图书审定调查审议会日本史小委员会（以下称为审定会）就所有申请教科书有关"集体自决"的记述提出了相同的审定意见，即"关于冲绳战的实际情况的表达会使（学生）产生误解"。其理由是，当时，集体性自杀、自决在很多地区都有发生，然而并不都是起因于军部的直接命令和指示。

另外，发生了多起集体自决事件的座间味岛的守卫队长（第一战队长梅泽裕元少佐）等人提起的民事诉讼也成为有力的判断材料。这场民事诉讼是在 2005 年 8 月，梅泽元少佐等人起诉大江健三郎在《冲绳笔记》中有关命令居民集体自决的记述不实，使其名誉受损，而要求作者和岩波书店中止出版并支付补偿费（2011 年最高法院判决原告败诉）。

基于以上情况，审定会判定，虽然不能否认军部对集体自决的参与，然而避免对有无军队命令（包括指示和强迫）做出断定的记述更为妥当。

审定意见的结果造成出版社提出的修改稿，就像上面讲到的那样，所有的教科书中有关军部的参与问题都记述得很暧昧。不知道是出版社自觉限制还是过分反应的结果。不过，个人倒是觉得很意外。审定意见本身并没有否定军部的强制、指示下集体自杀或自决的记述，也并没有朝着该方向进行诱导。

冲绳战役记述中的遗漏

2007 年 3 月底，审定结果公布，教科书中有关军部参与和强制的内容消失了，引起了冲绳舆论高涨，开启了激烈的要求撤回运动。县议会先后两次通过了要求撤回审定结果的决议，县属的所有市、町、村议会也都做了相同的决议。9 月底，宜野湾市召开了大规模的县民大会，媒体也对此大肆报道。

受到局势的影响，各出版社从 2007 年 11 月至 12 月提出申请，要求订正已经审定的教科书。刚才列举的记述变更为："居民当中，在日军的参与下，有人使用领到的手榴弹等被迫进行集体自决。"

接到订正申请后，审定会重新对订正部分进行了审议，还听取了外部专家的意见，结果都不经修改就通过了审定。

即便如此，关于"集体自决"的骚动，随着问题在社会上愈演愈烈，争议的焦点都集中在军部有无做出命令或强制的问题上。在有无军部命令的问题出现以后，为何会发生这一悲惨事件、应如何理解、如何在教育中思考这些问题等。审定会的这些愿望都渐行渐远了。

冲绳战役在战争整体趋势中也具有重要的意义，却很难说教科书做到了对它的重视。冲绳摩文仁的山丘上建立的"和平之础"，不分国籍与敌我地刻着战亡的冲绳县民、各都道府县出生者、美国军人、朝鲜人等 22.4 万人的姓名。期待着历史教育能让人思考"和平之础"的意义。

当地的报纸《冲绳时报》在回顾冲绳教科书审定问题时评论道，"国史排除地域史的异质性而指向国民的统一和平均化，就是教科书审定的本质所在"（2007 年 12 月 27 日晚报）。哪一种教科书是适合学生的，不应由文部科学省和审定会来"认定"，而应该重视教育现场和地域居民的意见，在这种趋势下，教育内容的平均化要实现到何种程度也有待商议。

另外，最近有关"地域主权"的是非问题也与教科书的平均化问题密不可分。基于这种动向，作为"公众教育"的教材，至少应该在高中分层次地废除历史教科书的审定。

历史教育的应有姿态

那么，冲绳的教科书审定问题提醒人们，历史教科书的"平均化"真的有必要吗？从"国民史"的观点对教科书的应有面貌提出质疑的是"新历史教科书制作会"运动（以下称"制作会"运动）。它在某一方面具有向战后国家形象发起挑战的性质。

"制作会"运动起因于 1996 年度审定合格的中学用历史教科书（1997 年 4 月开始采用）中所有有关慰安妇记述内容的"违和感"。参加者之一的坂本多加雄（学习院大学教授）指出，历史教育关系到国民意识的形成这一高度政治领域，因此与政治不可能无关，但是"不能因为某个特定的内阁为了回避面临的困扰而基于政策上的判断来左右历史教育"。

坂本之所以这么说，是由于慰安妇的记述同时出现在历史教科书中，其背景是为平息这一问题而向中韩保证将其教训体现于历史教育之中的官房长官河野洋平的讲话（第八章）。实际上，亚洲女性基金或是官邸系统通过文部省向各家教科书公司提出要求的也是确有其事。

坂本还提出，在历史教科书中记载战争时期的慰安妇这一存在，即使按照现在的审定标准（学生不会产生误解、片面性见解在未充分考虑前不予以采用等），作为中学生的学习内容也不妥当，只会给教育现场造成困惑（《思考历史教育》）。如果想把女性尊严或加害责任作为问题的话，应该有其他的题材。中学教科书中慰安妇的记述非要不可的理由是什么，根据学生的发育阶段，作为公众教育的历史教育的内容是什么，尚未做过深刻的推敲。

坂本理想中的历史教科书，是日本传统上重视的正统的日本史，必须有能够使国民统合的"国民的故事"。坂本也在曾经执笔的《新历史教科书》（2001 年）的序文（《何为学历史》）中写道，"学习历史是指，从当今时代的标准来看，制裁过去的不正和不公平，并不等同于告发。过去的各个时代，有各个时代特有的善恶和特有的幸福"，这也是贯穿这本教科书整体的主旋律吧。

斯坦福大学亚洲太平洋研究中心主导的"日中韩教科书比较项目"的期间报告书批评说，普遍地讲，日本的教科书在讴歌战争上是最低调的，但是缺乏解释事实的故事性，就像是简单的年代大事记。以前认识的学者参与了这一项目，他说，如果让自己在日本的历史教科书中选择一本的话，应该会选《新历史教科书》吧。相比众多的教科书只是淡然地列出事实，它却选择了区别于其他出版社的独特题材，也就是具有杰出的"故事性"，有很多地方通过对本国国民功绩的赞扬，来激发学生的自尊心。

这类的"国民史"决不应该被否定。可是，从另一个方面说，一个国家的历史在与另一个国家的历史发生关联时才具有意义这一观点，也必须予以尊重。之所以这么说，是因为在当今世界，人、信息和文化、文明跨越国境四处流动，给人们的生活带来影响，也就是所谓"全球化"得到进展，那么一个国家的历史也与他国和世界产生关系，思考其发展和特征具有意义这一看法也得以确立（入江昭《何为学历史》）。

在公众教育这一观点上，如果说与曾属于日本帝国圈的东亚地区维持良好关系对于国家的和平发展是必不可缺的，那么就必须重视与近邻各国的关系。

然而，"制作会"在采用合格的样本之前，就在市场上销售，虽然有违于现行的采用规则，然而他们意识到了教科书的善恶不是由国家主导的审定会和教育委员会来判断，而应交由国民。而且，教育委员会的采用过程如此受到瞩目，也是前所未有的。

国民对教科书的审定和采用过程如此关注，让人预感到公共记忆的成立正是立足于市民社会的成长和成熟上。至少，将教科书这一"公共财产"的认定和采用委托给国家是否妥当这一问题意识，无疑得到了培养（前引大芝亮论文）。

什么是"国策的错误"

2006 年 10 月，民主党议员长妻昭在众议院外务委员会上，就"村山谈话"中"我国在不久前的一段时期，国策发生错误"的内容，提出"哪一部分是国策的错误呢？"对政府的官方见解表示质疑。外务大臣麻生太郎回答，"很难断定具体是哪一个部分错误"

（10 月 27 日众议院外务委员会）。

长妻指出，需要验证的已经不再是战争责任问题。他想验证的是，在特定个人责任之前，组织的责任、何种结构促使国策发生了错误。麻生虽然对此回应说，"收集有说服力的资料，在各种意义上是外交上的大事，在外交交涉中也会很有意义"，之后却不见有具体行动。

与长妻的问题相关，政府委员（官房副长官下村博文）曾答辩说，"作为政府，战后未曾制作有关先前大战的官方记录和战史"。

他的答辩，在国家和政府未曾制作"正式的战史"这一点上是正确的。但是，如果说是政府内部的任何一个部门都没有制作，却是错误的。例如，防卫厅战史室（后来的防卫研修所战史部）编纂的多达 102 册的"大东亚战争战史丛书"，在 1965 年至 1980 年公开出版。

但是，从这套"战史丛书"中想要获得长妻所期待的对"国策的错误"以及战争责任的深刻理解，则存在困难。说得极端一些，执笔者是陆海军将校这一点上就有局限性。

另一方面，"战史丛书"与国内在历史认识和战争观上的分裂保持距离，在记录并传给后世这一点上，也是永无止境的论证的结果。这也证明了把对过去战争的冷静验证和历史编纂的工作作为国家的重要任务，这一责任意识在政府内部也得到了继承。

历史编纂与公共记忆

世界上也有像乌兹别克斯坦一样的新兴国家，为了确立自己的民族认同和正统性，热心地投入历史编纂工作中。也有像中国一样，对过去的战争确立了"抗日战争史观"的公共记忆。还有的国家为了正义和人道、国际合作等大义名分，介入历史教育和历史研究。注重于发展每个人的民主主义运用能力的德国的"政治教育"就属于此类。

另外，比如立陶宛，由于苏联的侵略不幸丢失了大量的公文资料和文化财产，本国的资料尚不足以记述本国的历史，这些国家的共同之处在于，都将历史资料作为国民共有的财产，致力于保存和管理。我们所处的这个时代，"历史问题"成为东亚国际合作的课题，一国的历史在和其他国家历史发生关联时才具有意义。我们在思考如何在国家治理过程中记录历史并传给后世这个问题时，即使记述历史的方式有所不同，也应该可以灵活利用东亚的杰出经验。

有个单词叫作"档案霸权"（archival hegemony），中国、韩国和中国台湾等东亚国家和地区都竞相公开公文资料作为外交战略。如果站在历史公文资料是记述本国历史的源泉这一角度来看，以对方国家的记录为中心，来记述日本的外交史和现代史，当然不是件愉快的事。在战后史中，这种倾向尤其明显。如果仅仅是对方的观点单方面公开，而日本的主张或立场不能明确的话，那么其结果便会不利于日本的国家利益。2011年，日本终于开始实施《公文书管理法》。对作为本国历史源泉的公文资料进行妥善的管理和积极的公开，并加大内政外交上的解释能力，成为形成国家形象和公共记忆的基础。

前面已经反复提到，采取了高度民主主义体制的日本，在历史问题上，要把教科书审定标准之一的"近邻各国条款"升级为具有法律效力的举措是很困难的。这样一来，国家能够实施的"历史政策"是有限的。其中之一，便是作为长期的历史战略，在亚洲各国之间历史资料的整理和共有上掌握主导权吧。

2011年10月，在纽约召开的联合国大会人权委员会上，韩国政府提出了慰安妇问题，并致力于要求联合国有关机构采取救济措施，此事在日本被报道（《朝日新闻》2011年10月12日晚报）。前面已经讲过，2007年4月的最高法院判决，已经封闭了受害者向日本政府要求个人赔偿的道路。日本政府也多次解释说，已经真诚地做出道歉，并根据和约和之后的两国间条约从法律上解决了这一问题，不再回应赔偿要求。

今后的走向虽然尚不明朗，不过可以看出议和体制也采取了回

避 "赔偿" 的法律框架。而亚洲女性基金（第八章）的种种努力，看来也没有效果。

当此类问题作为国际性的人权和人道问题被提交到联合国接受处理时，还能够像 1990 年代那样，利用议和体制这一法律框架和最高法院的判决来回避责任和赔偿吗？就算得以再次逃脱，也必须接受比以往更沉重的道义责任和国际谴责。慰安妇问题，并不全是由于战争和殖民统治而引起的问题，而是被视作日军的行为，以及对此容忍的国家赔偿应有的姿态的问题。正义和人道等价值在国际社会上的比重增加的话，看待过去的角度也会发生变化。

预想到会涉及将来的这些重大问题，政府和国民应结为一体而付出努力的，是积累和整顿知识基础，来承担充分解释的责任。

对未来的解释责任

本书要讨论的 "历史问题" 并不都起因于日中战争、太平洋战争和殖民统治。要追究问题的根源，可以追溯到国民国家的形成时期。例如，国籍和户籍的问题是定义国民概念的国家的构成原理问题，靖国神社问题归根到底，是从精神上支撑明治国家的宗教问题。

因此，国籍与靖国神社问题只要国家的基本统治原理不改变，要想解决是很困难的。然而，近代日本无间断的对外战争和帝国无休止的膨胀，在此过程中不但引发了其他问题，还严重地伤害了近邻各国国民的尊严，给他们造成了苦痛，这些是使这些问题表面化的原因所在。

自己没有经历过苦痛的帝国解体，与遭受时间最长、损失最严重的中国之间的战争记忆也逐渐远去，成为欠缺战争和殖民统治 "真实性" 的 "和平国家论" 产生的温床，走上和平国家的道路即是对讳莫如深的过去的清算，这些都成为新宪法之下政府的后盾。"和平国家论" 不是单纯的修辞，可以评价为反省过去并自我改造、享受和平发展的源泉所在吧。然而，这些和平发展的成果正是因为受到了议和体制的保护才得以收获的。因为议和体制原本就是优先保护日美之间共同利益的体制。同时，"和平国家论"对政府而言，其持续性与回避对过去战争评价的官方验证和解释是表里一致的关系。

国家对过去的战争一直回避做出历史性评价，未能对官方的追悼、显彰对象到底是谁，国家应该补偿的真正的战争牺牲者到底是谁，或者战争责任者究竟是谁等问题做出明确的回答，导致了在战前国家的构造中优先对殉职的日本人进行补偿。总之，"和平国家论"并不是在败者与过去战争正面应对并真诚地验证战争这一困难的工作中产生的，也不能得到外界的理解。

要想将"和平国家论"作为"国策"来遵守，就需要忍受来自冲绳的批判，具备能够支撑"村山谈话"的内部力量。这一内部力量便是在近代日本无间断的战争和帝国膨胀的遗产上，形成可以广泛验证历史的知识基础。这也是为了实现国家和地方层面的行政机构都严重缺乏的"对未来的解释责任"。

主要参考文献·相关资料

○整体上使用的国会会议记录来自国立国会图书馆运营的"国会会议记录检索系统"（http//www. kokkai. ndl. go. jp/）。

○引用国会会议记录时，对原文的紊乱、误字、漏字等在不损害文意的范围内进行了调整。而且，各种委员会的称呼有时候使用简称。

○书中明确记载出处和所在的，不包括在以下的文献和资料目录之内。

第一部（包括序章）

外务省记录（书中记载为"外交记录"文书的所在）

外交记录①（第一部开头）⑧（第三章）→外务省编《日本外交文书旧金山和平条约　准备对策》，2006

外交记录②③④（第一章）及外交记录⑥⑨⑩（第三章）→外务省编《日本外交文书旧金山和平条约　对美交涉》2007

外交记录⑤（第二章）→外务省记录《与日本国的和平条约关系一件诸外国批准关系（第三卷）》（B4.1.1.2）

外交记录⑦（第三章）→外务省记录《占领下的对日赔偿关

系一件调查书集（第一卷）》（B0.0.0.3）

赤泽史朗编《东京审判与战争责任》，历史学研究会、日本史研究会《日本史讲座十　战后日本编》，东京大学出版会，2006

《朝海浩一郎报告书》，外务省编《初期对日占领政策　朝海浩一郎报告书（上）》，美日新闻社，1997

浅野丰美：《帝国日本的殖民地法制——法域统合与帝国秩序》，名古屋大学出版会，2008

天川晃：《围绕赔偿问题的舆论动向》，萩原宜之、后藤乾一编《东南亚史中的近代日本》，MISUZU 书房，1995

粟屋宪太郎：《东京审判论》，大月书店，1989

粟屋宪太郎：《未决的战争责任》，柏书房，1994

粟屋宪太郎：《通往东京审判之路》（上、下），讲谈社，2006

五百旗头真：《日本的近代 6　战争·占领·讲和》，中央公论新社，2001

五十岚武士：《战后日美关系的形成》，讲谈社学术文集，1995

五十岚武士、北冈伸一编《"争论"何为东京审判》，筑地书馆，1997

石井明、朱建荣、添谷芳秀、林晓光编《记录与考证日中邦交正常化·日中和平友好条约缔结交涉》，岩波书店，2003

伊藤隆、渡边行男编《续重光葵手记》，中央公论社，1988

今井勇：《战亡者遗族运动的形成与战后国家的重新统合——关于战争牺牲者遗族同盟会分裂》，《年报日本史丛》，2001

入江启四郎：《日本议和条约的研究》，板垣书店，1951

上田信：《中国人的历史意识》，尾方勇等《中国的历史 12　日本眼中的中国》，讲谈社，2005

上山春平：《大东亚战争的意味》，中央公论社，1964

牛村圭：《与"胜者的制裁"面对面》，筑摩新书，2004

内海爱子：《和平条约与战犯的释放》，《年报日本现代史》第

5 号，1999

内海爱子：《村山谈话与亚洲历史资料中心》，黑泽文贵编《战争·和平·人权》，原书房，2010

江藤淳编《新装版占领史录上》，讲谈社学术文库，1995

远藤三郎：《日中十五年战争与我》，日中书林，1974

远藤正敬：《近代日本殖民统治下的国籍与户籍》，明石书店，2010

太田修：《日韩交涉——请求权问题的研究》，KULEIN，2003

太田健一等：《次田大三郎日记》，山阳新闻社，1991

大昭保昭：《在日韩国、朝鲜人的国籍与人权》，东信堂，2004

大昭保昭：《从东京审判到战后责任的思想》，东信堂，1999

外务省信息部：《与日本国的和平条约草案的解说》，1951

外务省编刊《日本外交文书旧金山和平条约》（全 3 卷），2006 ~ 2009

霞山会编刊《日中关系基本资料集 1949—1997》，1998

加藤圣文：《"大日本帝国"崩溃》，中公新书，2009

川岛真、清水丽、松田康博、杨永明：《日台关系史 1945—2008》，东京大学出版会，2009

北冈伸一：《赔偿问题的政治力学 1945—1959》，北冈、御厨贵编《战争·复兴·发展》，东京大学出版会，2000

木户日记研究会编《木户幸一日记东京审判期》，东京大学出版会，1980

《远东国际军事审判判决速记录》，雄松堂书店，1968

功刀俊洋：《大东亚战争调查会的战争责任观》，《历史评论》第 557 号，1996 年 9 月

仓泽爱子：《印度尼西亚的国家建设与日本的赔偿》，《年报日本现代史》第 5 号，1999

栗山尚一、中岛琢磨等编《外交证言录冲绳归还·日中邦交

正常化·日美"密约"》，岩波书店，2010

黑田胜弘：《韩国人的历史观》，文春新书，1999

《现代史资料38》，MISUZU书房，1972

厚生省归国援护局《陆陆续续·归国援护的记录》，厚生省，1963

小菅信子：《东京审判与和解——审判方的污秽、政治的忘却、与"战胜国"的和解》，佐藤健生、弗莱（Norbert Frei）编《与无法过去的过去奋斗——日本与德国》，岩波书店，2011

佐治晓人：《对日议和条约后的战犯释放问题》，同时代史学会编《日中韩民族主义的同时代史》，日本经济评论社，2006

宍户伴久（国立国会图书馆社会劳动调查室）：《战后处理遗留的课题——日本和欧美的普通市民的战争受害补偿》，《参考》，2008年12月

币原和平财团编刊《币原喜重郎》，1955

《币原和平文库（币原喜重郎相关文书）》，国立国会图书馆宪政资料室藏

柴田政子：《亚洲的日本"历史问题"》，近藤孝弘编著《东亚的历史政策——日中韩对话与历史认识》，明石书店，2008

威廉·席巴德：《日本占领外交的回想》，野末贤三译，朝日新闻社，1968

白石洁：《中国与中国人》，《革新》，1946年4月号

《战争调查会资料缀》，防卫研究所战史史料室

总理府恩给局编《恩给百年》，大藏省印刷局，1975

田尻爱义：《田尻爱义回想录》，原书房，1977

田中伸尚、田中宏、波田永实：《遗族与战后》，岩波新书，1995

津岛寿一：《马尼拉缅怀的人们（芳塘随想第十集）》，芳塘刊行会，1963

鹤见俊辅：《战争审判遗留下的东西》，细谷千博等编《质问

东京审判》，讲谈社，1984

户谷由麻：《东京审判——第二次大战后的法与正义的追求》，MISUZU 书房，2008

内阁总理大臣官房审议室：《在外财产问题的处理记录——归国者特别交付金的支给》，1973

永井均：《有关战争罪犯的政府声明案——东久迩宫内阁对阁议决定的脉络》，《年报日本现代史》第 10 号，2005

永野慎一郎、近藤正臣编《日本的战后赔偿——亚洲经济合作的出发点》，劲草书房，1999

西村熊雄：《日本外交史二七旧金山和平条约》，鹿岛和平研究所，1971

赔偿问题研究会编《日本的赔偿》，世界记者社，1963

波多野澄雄：《东久迩稔彦》，渡边昭夫编《战后日本的宰相们》，中公文库，2001

波多野澄雄、佐藤晋：《现在日本的东南亚政策 1950—2005》，早稻田大学出版会，2007

服部龙二：《币原喜重郎与战后政治》，中央大学《人文研纪要》第 55 号，2005

服部龙二：《日中邦交正常化》，中公新书，2011

马场共彦：《战后日本人的中国形象》，新曜社，2010

原朗：《战争赔偿问题与亚洲》，《岩波讲座　近代日本与殖民地 8》，岩波书店，1993

日暮吉延：《东京审判的国际关系——国际政治中的权力与规范》，木铎社，2002

日暮吉延：《东京审判》，讲谈社现代新书，2008

日暮吉延：《东京审判和日本的对应——"国家"与"个人"》，《军事史学》第 44 卷第 3 号，2008 年 12 月

古田元夫：《战争记忆与历史研究——越南 1945 年饥荒的调查》，小森阳一、高桥哲哉编《超越国家历史》，东京大学出版会，

1998

细谷千博、安藤仁介、大沼保昭编《质问东京审判》，讲谈社，1984

水野直树：《在日朝鲜人、台湾人参政权"停止"条款的成立》（正、续），世界人权问题研究中心《研究纪要》第1、2号，1996、1997

宫城大藏：《战后亚洲秩序的摸索与日本》，创文社，2004

宫泽喜一：《东京——华盛顿的密谈》，中公文库，1999

山本有造编著《满洲——记忆与历史》，京都大学学术出版会，2007

杨子震：《战后初期台湾摆脱殖民地化的代行——战后处理与国民统合的交错》，筑波大学博士学位论文，2011

吉田裕：《日本人的战争观——战后史上的变容》，岩波书店，1995

吉田裕：《昭和天皇的终战史》，岩波新书，1992

李钟元：《东亚冷战与韩美日关系》，东京大学出版会，1996

盟军总司令部民间情报教育局：《太平洋战争史》，中屋健一译，高山书院，1946

和田英穗：《国民政府对日战后处理方针的实际——战犯问题与赔偿问题》，爱知大学国际中国学中心：《青年学者报告论集》第1号，2006

渡边昭夫、宫里政玄编《旧金山议和》，东京大学出版会，1986

渡边昭夫：《议和问题与日本的选择》，东京大学出版会，1986

Roger Dingman, KenjiTozawa, Sir Hugh Cortazzi, Peter Lowe, *San Francisco*: *50 Years on*, Suntory and Toyota International Centres for Economics and Related Disciplines, London School of Economics and Political Science, 2001

Saki Dockrill, "The Legacy of 'the Pacific War' Seen from Europe", Saki Dockrill ed., *From Pearl Harbor to Hiroshima*: *The Second World War and the War in the Pacific, 1941 - 45*, Macmillan, 1994

第二部

赤泽史朗:《靖国神社——争论不休的"战亡者追悼"的去向》,岩波书店,2005

朝日新闻采访班:《战争责任与追悼》,朝日选书,2006

朝日新闻采访班:《"克服过去"与爱国心》,朝日选书,2007

麻生太郎、宫崎哲弥:《把"保守再生"托付给我吧!》,《诸君!》,2008年2月号

家近亮子、松田康博、段瑞聪编著《岔口上的日中关系——与过去的对话·面向未来的摸索》,晃洋书房,2007

家近亮子:《历史认识问题》,晃洋书房,2007

家永三郎:《教科书诉讼十年》,松本三之介等编《家永三郎集》第14卷,岩波书店,1998

板垣正:《通往靖国神社正式参拜的道路》,自由民主党编刊《自由民主党党史——证言·图片编》,1987

一谷和郎:《靖国神社参拜问题》,家近等编著《岔口上的日中关系》

卜部亮吾(御厨贵等监修):《卜部亮吾侍从日记》第5卷,朝日新闻社,2007

大沼保昭:《萨哈林弃民》,中公新书,1992

奥野诚亮:《不靠门派,不忘仁义》,PHP研究所,2002

《阁僚关于靖国神社参拜问题的恳谈会报告书》,1985年8月

木下道雄:《心腹日记》,文艺春秋,1990

栗原俊雄:《西伯利亚扣押——未完的悲剧》,岩波新书,2009

国立国会图书馆调查以及立法考查局编《新编靖国神社问题资料集》, 2007

小岛毅:《靖国史观》, 筑摩新书, 2007

宍户伴久:《战后处理遗留的课题——日本和欧美的普通市民的战争受害补偿》,《参考》, 2008 年 12 月

高木健一:《萨哈林与日本的战后责任》, 凯风社, 1990

高桥哲哉:《靖国问题》, 筑摩新书, 2005

田中明彦:《日中关系 1945—1990》, 东京大学出版会, 1991

田中伸尚:《靖国的战后史》, 岩波新书, 2002

段瑞聪:《教科书问题》, 家近等编著《岔口上的日中关系》

《富田手记研究委员会验证报告》,《日本经济新闻》, 2007 年 5 月 1 日

友田锡:《入门·现代日本外交——日中邦交正常化以后》, 中公新书, 1988

内阁总理大臣官房管理室:《在外财产问题的处理记录——归国者特别交付金的支付》, 1973

内阁总理大臣官房管理室:《战后处理问题恳谈会报告》, 1984 年 12 月

中江要介、若月秀和等编《亚洲外交动和静》, 苍天社, 2010

中曾根康弘:《新政权政策手记》(1982 年 10 月 10 日), 渡边昭夫编《战后日本的宰相们》, 中公文库, 2001

日本遗族会编刊《战亡者遗族指南》, 1988

日本遗族会编刊《与英灵共处的三十年——靖国神社国家护持运动的足迹》, 1976

日本遗族会编刊《日本遗族会四十年志》, 1988

波多野澄雄:《遗族的迷失——日本遗族会与"记忆的竞争"》, 细谷千博、入江昭、大芝亮编《作为记忆的珍珠港》, MINERUBA 书房, 2004

波多野澄雄:《通往"历史和解"的道标——战后日本外交上

的"历史问题"》，添谷芳秀、田所昌幸编《日本的东亚构想（现代亚洲与日本1)》，庆应义塾大学出版会，2004

服部龙二：《藤尾文相发言——来自外务省记录》，中央大学《政策文化综合研究所年报》第14号，2011年8月

服部龙二：《日中历史认识——关于"田中上奏文"的相克，1927—2010》，东京大学出版会，2010

米谷史郎：《萨哈林朝鲜人的苏联社会统合——莫斯科共产党文书记述的1950年代中期的断面之一》，《"构筑斯拉夫·欧亚学"研究报告集》第5号，2004年12月

别枝行夫：《日中政治关系的展开Ⅱ》，增田弘、波多野澄雄：《亚洲中的日本与中国》，山川出版社，1995

松尾文夫：《奥巴马总统给广岛献花的日子》，小学馆101新书，2009

三谷博：《日本的历史教育支付与争议构图》，刘杰等编《超越国境的历史认识》，东京大学出版会，2006

三谷博编著《历史教科书问题》，《阅读日本的教育与社会》⑥，日本图书中心，2007

村尾次郎：《战后的历史教育如此可否》，村尾次郎：《教科书调查官的发言》，原书房，1969

《柳谷谦介口述历史》，政策研究大学院大学COE口述、政策研究项目，2004

山折哲雄：《天皇的官中祭祀与日本人》，日本文艺社，2010

山崎丰子：《"靖国神社"中的北京》，文艺春秋编刊《从文艺春秋看昭和史》第3卷，1988

杨志辉：《从战争赔偿问题到战后补偿问题》，刘杰等编《超越国境的历史认识》，东京大学出版社，2006

横井时常权官司口述《靖国神社与GHQ的交涉记录》，靖国祈祷编辑委员会编著《靖国祈祷》，产经新闻，1999

吉泽文寿：《日韩邦交正常化》，《岩波讲座·东亚近现代通

史》第 8 卷,岩波书店,2011

Gavin McCormack,*The Emptiness of Japanese Affluence*,M. E. Shape,1996

第三部(包括终章)

赤泽史朗:《战后日本的战亡者"慰灵"与追悼》,《立命馆大学人文科学研究所纪要》第 82 号,2003

《关于研究成立亚洲历史资料中心(暂定)的有识者会议》,1994 年 11 月 9 日

《关于成立亚洲历史资料中心》,内阁外交审议室,1995 年 6 月

新崎盛晖:《未完的冲绳斗争》(冲绳同时代史别卷),凯风社,2005

《慰安妇问题与亚洲女性基金》,数据纪念馆,http://www. awf. or. jp/

家近亮子、松田康博、段瑞聪编著《岔口上的日中关系——与过去的对话·面向未来的探索》,晃洋书房,2007

五十岚正博:《旧金山和约与中国——最高法院判决的"旧金山条约"框架论》,《法律时报》第 994 号,2008 年 4 月

石坂浩一:《何为"不战决议"》,《世界》1995 年 5 月号

石田宪:《从战败到宪法——日德意宪法制定的比较政治史》,岩波书店,2009

井出弘人:《韩国历史教育政策的变迁》,近藤孝弘编著《东亚的历史政策——日中韩对话与历史认识》,明石书店,2008

井出弘人:《东亚的历史对话到达点与课题》,近藤孝弘编著《东亚的历史政策——日中韩对话与历史认识》,明石书店,2008

井上寿一:《日本外交史讲义》,岩波书店,2003

入江昭:《何为学历史》,讲谈社现代新书,2005

罗伯特·D. 埃尔德里奇（Robert D. Eldridge）:《冲绳问题的起源》，名古屋大学出版会，2003

大芝亮:《从国家历史到跨越国境的历史——以日本的历史教科书问题为事例》，细谷千博、入江昭、大芝亮编《作为记忆的珍珠港》，MINERUBA 书房，2004

大沼保昭:《日本的战争责任与战后责任》，《国际问题》第501 号，2001 年 12 月

大滨彻也:《日本人与战争——作为历史的战争体验》，刀水书房，2002

大原康男、百地章、坂本是丸:《国家与宗教之间——政教分离的思想与现实》，日本教文社，1989

冈部达味:《日中关系的过去与将来——跨越误解》，岩波现代文库，2006

冲绳时报社编刊《被挑起的冲绳战》，2008

奥田安弘、山口二郎编《全球化的战后补偿审判》，信山社，2002

外务省编《我国外交的近况》，1971—1991

笠原十九司编《为了不懂战争的国民的日中历史认识》，勉诚出版，2010

川岛真:《"日中历史共同研究"的三种位相》，笠原十九司编《为了不懂战争的国民的日中历史认识》，勉诚出版，2010

岸俊光:《日本眼中的德国历程》，佐藤健生、弗莱编《与无法过去的过去奋斗——日本与德国》，岩波书店，2011

北冈伸一:《全球级玩家日本》，NTT 出版，2010

北冈伸一:《日中历史共同研究的出发》，《外交论坛》第 226 号，2007 年 5 月

金凤珍:《反日与日韩的历史和解》，黑泽、艾伦·尼什（Ian Hill Nish）编《历史与和解》，东京大学出版会，2011

栗山尚一:《和解　日本外交的课题》（上），《外交论坛》，2006

年 1 月

黑泽文贵编《战争·和平·人权》，原书房，2010

黑泽文贵、艾伦·尼什（Ian Hill Nish）编《历史与和解》，东京大学出版会，2011

《关于公文书管理方式等的有识者会议中间报告》，宪法普及会编刊《新宪法 快乐生活》，1947；《作为时间连贯记录的公文书的管理方法如今作为国家项目落实》，2008 年 7 月

吴荣焕：《迎来新局面的韩日关系》，《外交论坛》第 173 号，2000 年 12 月

国立国会图书馆调查以及立法考查局：《战后补偿问题资料集》，1995

小菅信子：《战后和解》，中公新书，2005

后藤乾子：《日本东南亚占领与"解放史观"》，仓泽爱子编《东南亚史上的日本占领》，早稻田大学出版部，2001

小森阳子等编《历史教科书问题在哪儿?》，岩波书店，2001

近藤孝弘编著《东亚的历史政策——日中韩对话与历史认识》，明石书店，2008

近藤孝弘：《国际历史教科书对话——欧洲的"过去"的重编》，中公新书，1998

近藤孝弘：《二十年的喧嚣与沉默——在日本讲述历史教育的难度》，船桥编《今天如何对待历史问题》，岩波书店，2001

坂本多加雄：《思考历史教育》，PHP 新书，1998

杉原志启编《坂本多加雄选集Ⅱ 市场与国家》，藤原书店，2005

施奈德（Claudia Schneider）：《改革开放后中国的历史教育》，近藤孝弘编著《东亚的历史政策——日中韩对话与历史认识》明石书店，2008

庄司润一郎：《回首"日中历史共同研究"》，笠原十九司编《为了不懂战争的国民的日中历史认识》，勉诚出版，2010

庄司润一郎：《日中与德国、波兰的历史与"和解"》，黑泽、尼什编《历史与和解》，东京大学出版会，2011

女性亚洲和平国民基金编刊《"慰安妇"问题与亚洲女性基金》，2007

女性亚洲和平国民基金编《政府调查"从军慰安妇"相关资料集成》（全5卷），龙溪书店，1997~1998

女性亚洲和平国民基金编刊《"慰安妇"问题调查报告·1999》，1999

女性亚洲和平国民基金编刊《口述历史亚洲女性基金》，2007

《战后处理问题恳谈会报告》，1984年12月

田中均：《外交的力量》，日本经济新闻社，2009

《中国人战后补偿审判（小特集)》，《法律时报》第994号，2008年4月

《追悼·祈祷和平纪念碑等设施思考恳谈会报告书》，2002年12月

东乡和彦：《历史与外交——韩国·亚洲·东京审判》，讲谈社现代新书，2008

中冈MARI：《日本的战后赔偿、补偿问题》，家近等编《岔口上的日中关系》

西尾干二等：《新历史教科书》，扶桑社，2001

西村明：《战后日本与战争死者慰灵》，有志舍，2006

日韩历史共同研究委员会编《日韩历史共同研究报告书》（全4册），日韩文化交流协会，2005

《日中历史共同研究第一期报告书（日中原文)》，2010年1月

日本律师联合会编《日本的战后补偿》，明石书店，1994

野中广务：《老兵不死——野中广务全回顾录》，文艺春秋，2003

秦郁彦：《库马拉斯瓦米报告与慰安妇问题》，《千叶大学法学论集》第11卷第2号，1996年10月

秦郁彦：《追踪昭和史之谜下》，文艺春秋，1993

秦郁彦编《冲绳战役"集体自决"之谜与真相》，PHP 研究所，2009

波多野澄雄：《克服"负的遗产"》，《外交时报》第 1345 号，1998 年 2 月

波多野澄雄：《日中历史共同研究——成果与课题》，黑泽、尼什编《历史与和解》，东京大学出版会，2011

林博史：《冲绳战役被强制的"集团自决"》，吉川弘文馆，2009

春山明哲：《何为靖国神社——立于资料研究视线上的序论》，《参考》，2006 年 7 月

藤原归一：《战争的记忆——广岛、大屠杀与现在》，讲谈社现代新书，2001

船桥洋一编《今天如何对待历史问题》，岩波书店，2001

伊恩·布鲁玛（Ian Buruma）：《战争的记忆——日本人与德国人》，石井信平译，TBS 不列颠百科全书，1994

《和平祈念项目的经纬》，总务省特别基金项目担当室，2008 年 4 月

步平：《东亚历史问题的对话空间》，早稻田大学亚洲研究机构第七回国际研讨会报告资料集，2010 年 10 月 23 日

松平永芳：《"靖国"奉公十四年的无念》，《诸君!》，1992 年 12 月号

宫嶋博史、金容德编《近代交流史与相互认识Ⅲ》，庆应义塾大学出版会，2006

茂木敏夫：《东亚和解的摸索》，艾伦·尼什（Ian Hill Nish）编《历史与和解》，东京大学出版会，2001

靖国神社、《靖国的祈祷》编辑委员会：《靖国的祈祷》，产经新闻新闻服务，1999

靖国神社编刊《游就馆图录》，2008

靖国神社社务所：《靖国神社——所有的祭典与仪式》，1986

山折哲雄：《天皇的宫中祭祀与日本人》，日本文艺社，2010

杨大庆：《南京大屠杀——能否有建设性对话》，刘杰等编《超越国境的历史认识》

吉田裕：《战争责任论的现在》，《岩波讲座亚洲太平洋战争 I 》，岩波书店，2005

读卖新闻战争责任验证委员会：《验证战争责任 I 、II 》，中央公论新社，2006

李钟元：《朝鲜半岛与日本——走向历史和解的成熟》，船桥编《今天如何对待历史问题》

李泳采：《日朝会谈与对日请求权交涉的变化过程的分析》，《法学研究》第 83 卷第 12 号，2010 年 12 月

刘杰：《为了日本与中国的和解》，船桥编《今天如何对待历史问题》，岩波书店，2001

刘杰、三谷博、杨大庆编《超越国境的历史认识——日中对话的尝试》，东京大学出版会，2006

和田春树：《亚洲女性基金的成立与活动》，黑泽文贵编《战争·和平·人权》，原书房，2010

Daniel Sneider, Gi-WookShin, Peter Duus, *Divided Memories and Reconciliation*：*A Progress Report*, The Walter H. Shorenstein Asia-Pacific Research Center, Stanford University, 2010

后 记

回首往事，笔者经历了 30 年的历史学者生涯，自 1979 年进入防卫厅防卫研修所战史部（现在的防卫省防卫研究所）以来，这 30 年一直投身于国家的历史工作，从未间断。

其中大部分工作，是有关所谓战后处理问题的，大体可以分为三部分：第一，战争的验证及传承；第二，1990 年代后的几项"历史和解项目"；第三，外交文书的验证、编纂以及公开等。

本书便诞生于这些经验之上。当然，笔者并不是企划和运营政府历史工作的中心人物。不过，即便如此，越是与历史这一问题保持距离，就越能窥见被其俘获玩弄的国家的面貌。

继防卫研修所战史部之后，我参与了受到日本遗族会压力的厚生省推动的战亡者和平祈念馆（现在的昭和馆）的建设准备及后来的运营。笔者身为负责资料收集与展示的专家组的最后一名，才知道作为国立设施来进行"战争展示"是多么困难的一件事。

后面的几项工作，都在 1990 年代之后。其中包括对应慰安妇问题的"为了女性的亚洲和平国民基金"（亚洲女性基金）的资料调查、村山富市内阁推动的和平友好交流计划之一的"亚洲历史资料中心"的成立准备和运营、日英交流史工作以及高中历史教科书的审定（教科用图书审定调查临时委员），进入 21 世纪后，

则是安倍晋三内阁时期开始的政府援助项目——日中历史共同
研究。

这些工作都是为了解决 1990 年代爆发的被称作"战后补偿"
的诸多问题。本书给它们起名叫作"历史和解政策"，和上述战亡
者追悼和平祈念馆项目一样，处于国家推进的历史项目都被政治左
右这一恶劣的命题之下。

慰安妇问题是其中的一个典型，即使如此，还是想出了由国民
捐赠资金来进行"补偿"的形式。亚洲女性基金作为项目主体，
与要求国家补偿的势力之间产生了巨大的摩擦。

担任教科书审定临时委员的 8 年间，始终从旁观察意味着国家
在某种框架中强行进行历史解释的"近邻各国条款"。同时，围绕
冲绳战役中"集体自决"审定的骚动，与其说是国家对教科书的
记述加以管制，不如说是阻止国家干涉历史解释的审定制度面临
危机。

2006 年启动的日中历史共同研究相比"历史的共有"，更期待
"相互理解"，是一次和中国学者正面交锋的难得的机会。对于负
责"战争时代"的作者而言，不具备多数人共有的战争观和历史
认识的日本，如何接受在中国俨然生根发芽的"抗日战争史观"
呢，我不禁陷入深深的思考当中。

2009 年政权交替后，我作为所谓日美"密约"问题相关的有
识者委员会（委员长代理）以及之后的"外交文书遗漏问题调查
委员会"的委员，参与了其中的工作。后者由外务大臣冈田克也
亲自担任委员长，人数极少的委员会对"密约"调查中大白于天
下的"丢失的重要外交文书"进行了追踪。

前者采用了对外务省内部调查小组的调查结果由有识者委员会
来进行验证的方法。两者合作的最终结果，是发现了数条"密约"
的存在，也广为众人所知。在这两项调查中，笔者关心的问题比起
密约本身来，更注重于如何参照国际标准贯彻"30 年公开规则"。

根据制定后 30 年的公文书原则上要予以公开这一国际规则，

从 1976 年开始就得以运用，断断续续被公开的战后外交文书，已经催生了许多优秀的战后外交研究成果。但是，《日美安保条约》和《冲绳归还协定》等重要案卷的公开延迟，其他的案卷也接近于停滞状态。

"密约"调查有识者委员会的目的之一，便是督促此事并促进其尽早公开。有识者委员会的建议成为推动外务省应对的力量，2010 年 5 月，制定了历时 30 年的文书"原则上自动公开"这一规则，还成立了以推进为目的的"外交记录公开推进委员会"。

恰好在 2011 年 4 月开始实施《公文书管理法》，包括外务省在内的其他部门也要求对公文书进行进一步的妥善保存、管理以及公开。特别是外交文书的积极公开，促进了外交活动的灵活性，加强了在对外关系中的解释能力。

近年来，不仅是欧美各国，中国、韩国等近邻国家也开始积极地投入外交文书的公开上，可见公开的速度还要加快。

笔者参与的历史工作，虽然不起眼却富有价值的要数亚洲历史资料中心运营的数据档案库了。它起源于 1995 年 8 月的"村山谈话"。收集国家保存的近现代亚洲方面的公文书，将其全面公开并与近邻各国共享，这也许是脚踏实地解决历史问题的最出色的方法了。

本书讨论的核心，相比对"过去的战争"为何无法形成众多国民得以共有的公共记忆这一问题，更集中于以多种历史认识和战争观的共存、竞争为前提的战败国，如何应对起源于战争和殖民统治的"历史问题"。这是因为，这样更能从本质上看清诸多问题。

本书列举的各项问题，目前都仍处于验证过程中。对保障历史认识的多样性和共存的日本而言，国家如何将战争和殖民统治的历史形象制作成能够让近邻各国接受的形象，以及如何传给后世这一命题，恐怕会永远持续下去。倘若果真如此的话，那么国家应该做的是积累经得住历史考验的资料，并开放其使用的门户，除此别无他法。

　　最后要提的是，笔者基于自己浅薄的经验，受到推荐写这部命题的书是在一年前。但是，一旦进入到各个问题里，我却时常徘徊在它们巨大的深度和广度面前。在此给予我鼓励，在拙稿容易陷入生硬、烦冗状态时提出中肯意见并使其最终得以出版，都是拜编辑部的白户直人氏所赐。感激不尽。

2011 年 11 月

波多野澄雄

图书在版编目（CIP）数据

国家与历史：战后日本的历史问题／（日）波多野
澄雄著；马静译. -- 北京：社会科学文献出版社，
2016.12
（中日历史问题译丛）
ISBN 978 - 7 - 5201 - 0041 - 0

Ⅰ.①国… Ⅱ.①波… ②马… Ⅲ.①日本 - 现代史
- 研究 Ⅳ.①K313.5

中国版本图书馆 CIP 数据核字（2016）第 299178 号

·中日历史问题译丛·

国家与历史
——战后日本的历史问题

著 者／〔日〕波多野澄雄
译 者／马 静

出 版 人／谢寿光
项目统筹／徐碧姗
责任编辑／赵 薇

出 版／社会科学文献出版社·近代史编辑室（010）59367256
地址：北京市北三环中路甲 29 号院华龙大厦 邮编：100029
网址：www. ssap. com. cn
发 行／市场营销中心（010）59367081 59367018
印 装／三河市尚艺印装有限公司

规 格／开本：787mm × 1092mm 1/16
印 张：13.25 字 数：183 千字
版 次／2016 年 12 月第 1 版 2016 年 12 月第 1 次印刷
书 号／ISBN 978 - 7 - 5201 - 0041 - 0
著作权合同
登 记 号／图字 01 - 2016 - 6121 号
定 价／55.00 元